IT 실전 워크북 시리즈는 ~~~~~~~~~~~ 적한 환경에서
손쉽게 배울 수 있도록 ~~~~~~~~~~~ 같은 특징을 가지고 만든 책입니다.

**① 따라하기 형태의 내용 구성**

각 기능들을 쉬운 단계부터 시작하여 실습 형태로 따라하면서 자연스럽게 익혀 실무에
활용할 수 있도록 하였습니다.

**② 풍부하고도 다양한 예제 제공**

실무에서 실제로 사용하는 예제 위주 편성으로 인해 학습을 하는데 친밀감이 들도록 하여 학
습 효율을 강화시켰습니다.

**③ 베테랑 강사들의 노하우 제공**

일선에서 다년간 경험을 쌓으면서 수첩 등에 꼼꼼히 적어놓았던 보물 같은 내용들을 [Tip],
[Power Upgrade] 등의 코너를 만들어 배치시켜 놓아 효율을 극대화 시켰습니다.

**④ 대형 판형에 의한 시원한 편집**

A4 사이즈에 맞춘 큰 판형으로 디자인하여 보기에도 시원하고 쾌적하게 학습할 수 있도록
하였습니다.

**⑤ 스스로 풀어보는 다양한 실전 예제 수록**

각 단원이 끝날 때마다 배운 내용을 실습하면서 완벽히 익힐 수 있도록 난이도별로 다양한
실습 문제를 제시하여 복습할 수 있도록 하였습니다.

# 이 • 책 • 의 • 구 • 성

## ① 섹션 설명

해당 단원에서 배울 내용에 대한 전체적인 개념을 설명함으로써 단원에 대한 이해도를 증진시키도록 합니다.

## ② Preview

해당 단원에서 만들어볼 결과물을 미리 보여줌으로써 실습하는데 따르는 전체적인 틀을 이해할 수 있도록 하여 학습 효율을 극대화시켜 줍니다.

## ③ 학습내용(체크포인트)

해당 단원에서 배울 내용들에 대한 차례를 기록하여 흐름을 파악할 수 있습니다.

## ④ 실습

본문 내용을 하나씩 따라해 가면서 실습하다 보면 자연스럽게 관련 기능을 이해할 수 있도록 구성하여 누구나 쉽게 포토샵을 사용할 수 있도록 하였습니다.

# PHOTOSHOP CC

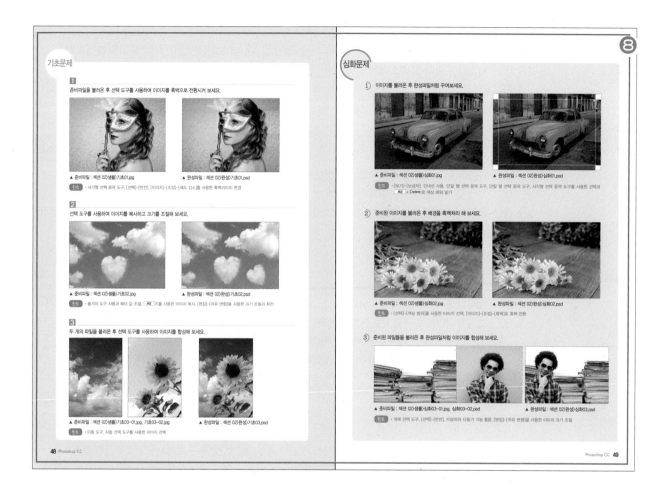

## ❺ Tip

저자만이 가지고 있는 다양한 노하우 및 좀 더 편리하게 접근하기 위한 정보들을 제공합니다.

## ❻ 강의노트

실습을 따라하는 과정에서 알아두면 도움이 되는 내용들을 담았습니다.

## ❼ Power Upgrade

난이도가 높아 본문의 따라하기에서 다루지는 않았지만 익혀놓으면 나중에 실무에서 도움이 될 것 같은 내용들
을 별도로 구성해 놓았습니다.

## ❽ 기초문제, 심화문제

본문에서 배운 내용을 다양한 예제를 통하여 실습하면서 확실하게 익힐 수 있도록 난이도별로 나누어 실습 문
제를 담았습니다.

# C·O·N·T·E·N·T·S

# 01 포토샵 기본 익히기

포토샵의 화면 구성과 툴 패널을 살펴보고 포토샵을 익숙하게 다루기 위해 알아두어야 할 기본적인 인터페이스 관리와 파일 다루는 방법에 대해서 알아보겠습니다.

Preview

## ▦ 학습내용

실습 01. 포토샵 실행과 화면 모양 바꾸기　　　　실습 05. 레이어 관리하기
실습 02. 새 이미지 창 만들어 저장하기 및 파일 불러오기　　실습 06. 온라인으로 이미지 공유하기
실습 03. 작업화면 확대 및 축소하기
실습 04. 이미지 사이즈와 캔버스 사이즈 조절하기

▲ 준비파일 : 섹션 01〉샘플〉실습02.jpg

▲ 완성파일 : 섹션 01〉완성〉실습05.psd

## ✔ 체크포인트

- 프로그램을 용이하게 사용할 수 있도록 인터페이스를 관리합니다.
- 파일을 불러오거나 저장하기, 또는 새로운 작업 창을 만듭니다.
- 돋보기 도구를 이용하여 화면을 확대하거나 축소할 수 있습니다.
- 이미지 크기와 캔버스 크기를 조절합니다.
- 레이어의 개념과 기본적인 레이어 패널 다루는 방법을 학습합니다.
- 온라인으로 이미지 공유하는 방법을 익힙니다.

**01** 포토샵을 설치한 후 화면 하단의 작업표시줄 왼쪽에 있는 '시작' 버튼을 클릭하고 [모든 프로그램]을 선택한 후 Adobe Photoshop CC2023을 선택합니다.

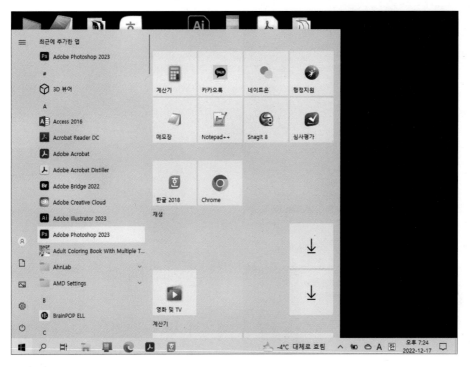

 이 도서는 윈도10 환경이며 프로그램의 패키지 종류에 따라 프로그램을 실행하는 순서가 다를 수도 있습니다.

**02** 새롭게 바뀐 인터페이스로 화면이 구성됩니다. 기존에 사용하였던 인터페이스로 변경하고자 할 경우에는 포토샵 화면 상단부분의 [창]–[작업 영역]–[필수 재설정] 메뉴를 선택합니다.

**03** 그러면 화면의 도구와 패널 등이 기본값 형태로 변경됩니다.

**04** 사용자가 프로그램을 사용하기 편리한 환경을 지정하여 작업하거나, 사용자가 자주 사용하는 기능들로 작업 화면을 새롭게 구성하여 '새 작업 영역' 명령을 실행하여 저장 후 사용하시면 됩니다.

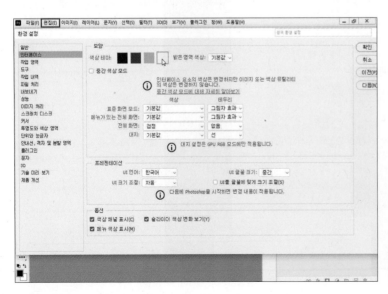

**05** 또한 기존의 회색 인터페이스를 벗어나 검은색까지 여러 단계로 선택하여 사용할 수 있는 옵션이 추가되어 있습니다. 프로그램 설치 후 기본 환경은 검은색으로 지정되어 있는데 색상을 변경하고자 할 경우에는 [편집]-[환경 설정]-[인터페이스] 메뉴를 클릭하여 색상 테마에서 원하는 색상을 지정하여 사용하면 됩니다.

**TIP**

본 도서는 도구나 메뉴 등의 문자가 잘 보이도록 인터페이스 색상을 밝은 색으로 지정하여 설명하겠습니다.

**06** 작업 화면을 구성하는 도구 패널과 옵션 패널, 각종 패널들은 [창] 메뉴에서 불러와 사용하시면 됩니다.

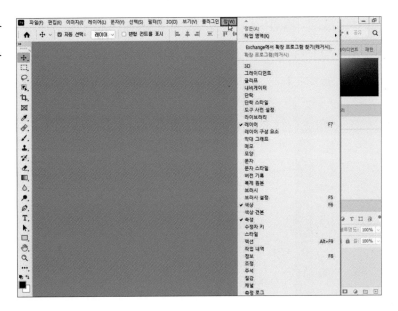

**07** 특히, 도구 패널의 특정 도구 위에 포인터를 두면 실행중인 도구에 대한 짧은 설명과 짧은 비디오가 표시됩니다.

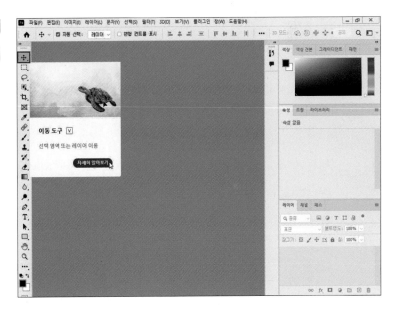

**08** 만일 팁이 표시되지 않도록 하려면 [편집]-[환경 설정]-[도구] 메뉴를 실행하여 대화상자에서 '풍부한 도구 설명 표시' 항목을 체크하지 않으면 됩니다.

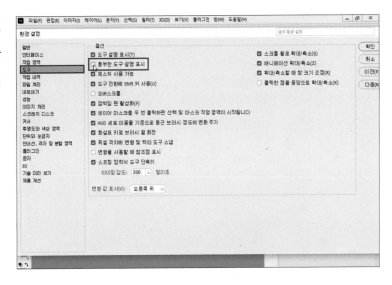

**09** 또한 [편집]-[도구 모음] 메뉴를 실행하여 사용자가 원하는 도구를 그룹으로 구성하고 정의할 수도 있습니다.

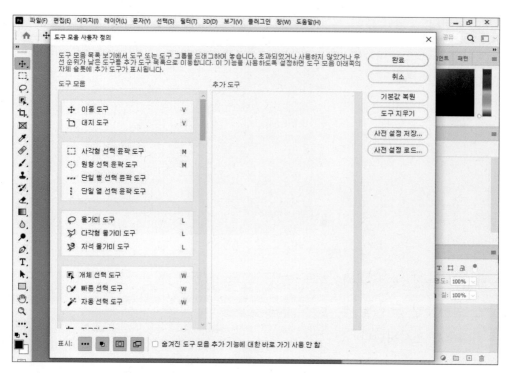

**10** 새롭게 추가된 기능으로 작업 중 화면 왼쪽 상단의 홈 화면 버튼을 누르면 빠르게 작업을 시작할 수 있습니다.

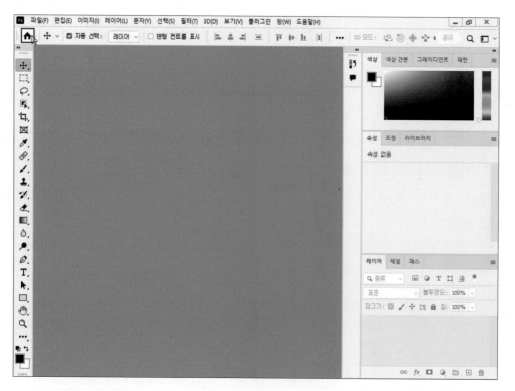

**···  포토샵 화면 모양 알아보기  ···**

## ① 메뉴 바
도큐먼트와 이미지를 컨트롤하는 하위 메뉴를 담고 있으며, 메뉴를 선택하면 대화상자가 나타납니다.

## ② 옵션 패널
도구를 선택할 경우 해당 도구의 세부 옵션을 설정할 수 있습니다.

## ③ 도구 패널
이미지 편집을 위한 도구들을 모아 놓은 상자입니다. 포토샵 작업 중에서 가장 많이 사용되는 기능들을 도구 패널에 모아 놓았습니다.

## ④ 작업 창(도큐먼트)
작업이 이루어지는 캔버스 화면을 말합니다.

## ⑤ 패널
메뉴나 도구 패널의 기능에 도움을 주는 기능들이 모여 있습니다.

## ⑥ 이미지 탭
도큐먼트를 개별적인 탭으로 나타냅니다. 각 탭을 클릭하여 도큐먼트를 이동할 수 있으며 하나의 도큐먼트에 여러 개의 탭으로 새롭게 구성할 수 있습니다.

## ⑦ 상태 표시줄
도큐먼트 보기 비율, 도큐먼트의 세부 사항, 선택된 도구에 대한 정보를 알 수 있습니다.

# 도구 패널 알아보기

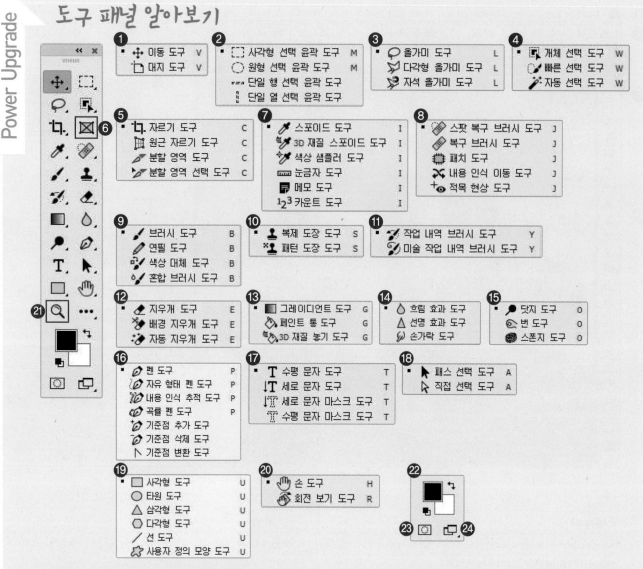

**①** ✛ 이동 도구    V
     🗋 대지 도구    V

**②** ⬚ 사각형 선택 윤곽 도구    M
     ◯ 원형 선택 윤곽 도구    M
     ▭ 단일 행 선택 윤곽 도구
     ▯ 단일 열 선택 윤곽 도구

**③** ◯ 올가미 도구    L
     ◺ 다각형 올가미 도구    L
     🧲 자석 올가미 도구    L

**④** 🖱 개체 선택 도구    W
     🖌 빠른 선택 도구    W
     🪄 자동 선택 도구    W

**⑤** 🔲 자르기 도구    C
     ▦ 원근 자르기 도구    C
     ✂ 분할 영역 도구    C
     ✂ 분할 영역 선택 도구    C

**⑦** 💧 스포이드 도구    I
     💧 3D 재질 스포이드 도구    I
     💉 색상 샘플러 도구    I
     ▥ 눈금자 도구    I
     🗒 메모 도구    I
     1₂³ 카운트 도구    I

**⑧** 🩹 스팟 복구 브러시 도구    J
     🩹 복구 브러시 도구    J
     ▦ 패치 도구    J
     ✕ 내용 인식 이동 도구    J
     +👁 적목 현상 도구    J

**⑨** 🖌 브러시 도구    B
     ✏ 연필 도구    B
     🖌 색상 대체 도구    B
     🖌 혼합 브러시 도구    B

**⑩** 🖃 복제 도장 도구    S
     ✳ 패턴 도장 도구    S

**⑪** 🖌 작업 내역 브러시 도구    Y
     🖌 미술 작업 내역 브러시 도구    Y

**⑫** 🧽 지우개 도구    E
     🧽 배경 지우개 도구    E
     🧽 자동 지우개 도구    E

**⑬** ▥ 그레이디언트 도구    G
     🪣 페인트 통 도구    G
     🪣 3D 재질 놓기 도구    G

**⑭** ◌ 흐림 효과 도구
     △ 선명 효과 도구
     👆 손가락 도구

**⑮** ◉ 닷지 도구    O
     ◉ 번 도구    O
     🧽 스폰지 도구    O

**⑯** ✒ 펜 도구    P
     ✒ 자유 형태 펜 도구    P
     🖊 내용 인식 추적 도구    P
     ✒ 곡률 펜 도구    P
     ✚ 기준점 추가 도구
     ✒ 기준점 삭제 도구
     ∧ 기준점 변환 도구

**⑰** T 수평 문자 도구    T
     ↕T 세로 문자 도구    T
     ↕T 세로 문자 마스크 도구    T
     T 수평 문자 마스크 도구    T

**⑱** ▸ 패스 선택 도구    A
     ▹ 직접 선택 도구    A

**⑲** ▢ 사각형 도구    U
     ◯ 타원 도구    U
     △ 삼각형 도구    U
     ⬠ 다각형 도구    U
     ╱ 선 도구    U
     ✿ 사용자 정의 모양 도구    U

**⑳** 🖐 손 도구    H
     🖐 회전 보기 도구    R

1. **이동 도구** : 이미지 선택 영역 등을 이동합니다.
   **대지 도구** : 웹용으로 저장 시 각 매체에 따른 크기에 맞게 설정 가능합니다.
2. **사각형 선택 윤곽 도구, 원형 선택 윤곽 도구, 단일 행 선택 윤곽 도구,**
   **단일 열 선택 윤곽 도구** : 선택 영역을 나타내는 도구로 사각형, 원, 가로, 세로 픽셀 모양으로 선택할 수 있습니다.
3. **올가미 도구** : 이미지의 원하는 부분을 자유롭게 드래그 하여 선택합니다.
   **다각형 올가미 도구** : 다각형 모양으로 자유롭게 선택합니다.
   **자석 올가미 도구** : 색상 경계를 자동으로 인식하여 선택합니다.
4. **개체 선택 도구** : 이미지에서 인물, 자동차, 가구, 애완동물, 옷 등의 단일 개체 또는 개체의 일부를 빠르게 선택합니다.
   **빠른 선택 도구** : 비슷한 색상 영역을 마우스로 드래그 하여 빠르게 선택합니다.
   **자동 선택 도구** : 클릭한 지점과 비슷한 색상 영역을 빠르게 선택합니다.
5. **자르기 도구** : 선택된 영역만 남기고 나머지는 잘라줍니다.
   **원근 자르기 도구** : 이미지를 변형시켜 자를 수 있습니다.
   **분할 영역 도구** : 웹에서 사용할 목적으로 이미지를 잘라냅니다.
   **분할 영역 선택 도구** : 자른 이미지를 선택합니다.

6. **프레임 도구** : 모양이나 문자를 프레임으로 변환하여 자리표시자로 사용하거나 이미지를 채울 수 있습니다.

7. **스포이드 도구** : 이미지의 색상을 추출합니다.

   **3D 재질 스포이드** : 입체적인 효과에 사용된 재질을 확인합니다.

   **색상 샘플러 도구** : 기본 색상 정보를 확인할 때 사용하는 도구로서 4개의 고정된 컬러 샘플링 지점을 설정할 수 있습니다.

   **눈금자 도구** : 거리를 알고자 하는 임의의 두 점을 클릭 드래그 하여 직선을 만들고, 그 직선의 좌표와 크기, 각도 등의 정보를 알 수 있습니다.

   **메모 도구** : 이미지에 간단한 메모 등을 할 수 있습니다.

   **카운트 도구** : 지정한 곳에 번호를 매겨 색상을 확인하거나 바꿀 수 있습니다.

8. **스팟 복구 브러시 도구** : 마우스로 클릭한 지점의 주변 색상과 자연스럽게 어울려지도록 복원합니다.

   **복구 브러시 도구** : 이미지를 다른 이미지로 복제할 때 그림자, 빛, 텍스처 등의 속성을 그대로 보존하면서 먼지, 흠, 주름과 같은 것들을 효율적으로 제거합니다.

   **패치 도구** : 이미지 영역을 자유롭게 드래그, 선택하여 이미지를 복사하고 복사한 이미지를 주위 환경에 최적화 시키는 기능으로 복구 브러시와 관련된 기능을 좀 더 섬세하게 작업할 수 있습니다.

   **내용 인식 이동 도구** : 선택 영역을 이동하여 배경색과 자연스럽게 어우러지게 합니다.

   **적목 현상 도구** : 적목 현상을 없애는 기능입니다.

9. **브러시 도구** : 사용자가 임의로 여러 가지 형태의 다양한 브러시를 지정하거나 만들어 그림을 그릴 수 있으며 영역에 채색할 수도 있습니다.

   **연필 도구** : 연필 도구는 기본적으로 계단 현상이 적용되기 때문에 선이 부드럽지 않고 딱딱하고 거친 느낌을 줍니다.

   **색상 대체 도구** : 이미지의 배경색만 바꾸거나 질감이나 음영을 그대로 유지한 상태로 이미지 특정 부분의 색상을 쉽게 바꿀 수 있습니다.

   **혼합 브러시 도구** : 수채 색연필로 수채화를 그리듯이 사진을 유화풍의 그림으로 손쉽게 그리게 해 줍니다.

10. **복제 도장 도구** : 이미지의 특정 부분을 다른 이미지의 부분, 또는 전체에 복제하는 도구로 Alt 키를 누른 상태에서 클릭하여 복제 기준점을 설정하고, 원하는 위치에 드래그하면 기준점의 이미지가 복제됩니다.

    **패턴 도장 도구** : 원하는 이미지의 부분을 패턴으로 등록하고 적용하는 기능입니다.

11. **작업 내역 브러시 도구** : 변형시켰던 이미지를 부분적으로 원래의 이미지로 복원시키는 기능을 지원합니다.

    **미술 작업 내역 브러시 도구** : 붓의 질감을 이용하여 회화적인 브러시 효과를 표현합니다.

12. **지우개 도구** : 마우스로 드래그 하는 부분을 투명하게 지워주거나 배경색으로 칠해줍니다.

    **배경 지우개 도구** : 마우스로 클릭한 부분의 이미지 색상을 인식하여 투명하게 지워줍니다. 백그라운드 이미지를 레이어 상태로 만들어 투명하게 지워줍니다.

    **자동 지우개 도구** : 자동 선택 도구처럼 옵션 패널의 허용치 설정 값에 따라 유사한 색상을 선택하여 한꺼번에 지워줍니다.

13. **그레이디언트 도구** : 두 가지 이상의 색상과 색상 사이에 변해가는 색상을 뚜렷한 경계 없이 부드럽게 채워줍니다.

    **페인트 통 도구** : 이미지에서 같은 색 범위를 인식하여 그 영역에 색상이나 패턴을 한 번에 채우는 도구입니다.

    **3D 재질 놓기 도구** : 3D 오브젝트에서 원하는 영역을 색이나 패턴으로 채웁니다.

14. **흐림 효과 도구** : 이미지를 뿌옇게, 초점이 흐린 효과를 줍니다.

    **선명 효과 도구** : 이미지를 뚜렷하게, 초점이 선명한 효과를 줍니다.

    **손가락 도구** : 손가락으로 문지르는 듯한 효과를 줍니다.

15. **닷지 도구** : 이미지를 밝게 합니다.

    **번 도구** : 이미지를 어둡게 합니다.

    **스폰지 도구** : 이미지의 채도를 조절합니다.

16. **펜 도구** : 직선 또는 곡선 패스를 그리거나 곡선으로 이루어진 이미지의 외곽을 선택 영역으로 저장하여 선택 툴 용도로 사용합니다.

    **자유 형태 펜 도구** : 마우스로 자유롭게 드래그 하여 패스를 만듭니다.

내용 인식 추적 도구 : 이 도구를 사용하면 이미지의 가장자리를 따라 패스나 모양을 만들 수 있습니다.

곡률 펜 도구 : 부드러운 곡선과 직선을 쉽게 그릴 수 있습니다.

기준점 추가 도구 : 만들어진 패스에 앵커 포인트를 추가합니다.

기준점 삭제 도구 : 만들어진 포인트를 삭제합니다.

기준점 변환 도구 : 핸들을 삭제하거나 생성시켜 앵커 포인트의 속성을 바꾸면서 형태를 변형합니다.

17. 수평 문자 도구 : 문자를 수평으로 입력합니다.

세로 문자 도구 : 문자를 수직으로 입력합니다.

수평 문자 마스크 도구 : 문자를 수평으로 입력하며 입력한 문자를 선택 영역으로 만들어줍니다.

세로 문자 마스크 도구 : 문자를 수직으로 입력하며 입력한 문자를 선택 영역으로 만들어줍니다.

18. 패스 선택 도구 : 패스나 도형의 전체를 선택하여 이동할 때 사용합니다.

직접 선택 도구 : 패스나 도형의 포인트, 핸들을 선택하여 모양을 수정할 때 사용합니다.

19. 사각형 도구 : 도형 도구는 여러 가지 모양의 다양한 벡터 형식의 도형들을 만들 수 있는 기능으로 사각 모양의 도형을 그립니다.

타원 도구 : 정원이나 타원을 그립니다.

삼각형 도구 : 삼각형 모양의 도형을 그립니다.

다각형 도구 : 다각형을 그립니다.

선 도구 : 직선 라인을 그립니다.

사용자 정의 모양 도구 : 여러 가지 모양의 도형을 그릴 수 있습니다.

20. 손 도구 : 이미지 화면을 원하는 부분으로 이동할 때 사용합니다.

회전 보기 도구 : 도큐먼트를 회전시킵니다.

21. 돋보기 도구 : 이미지를 확대하거나 축소합니다.

22. 색상 모드 : 전경색이나 배경색을 지정할 수 있습니다.

23. 편집 모드 : 빠른 마스크 모드와 표준 모드를 오가며 이미지를 선택할 수 있습니다.

24. 화면 모드 : 여러 가지 화면 모드를 지원합니다.

01 새로운 이미지 창을 만들기 위해서 시작 화면에서 '새 파일' 버튼을 클릭하거나, [파일]-[새로 만들기] 메뉴를 선택합니다.

02 새로 만들기 대화상자가 나타나면 단위를 픽셀로 지정하고 폭과 높이 값을 입력합니다. 또한 해상도를 72픽셀/인치, 색상 모드는 RGB색상, 배경 내용은 흰색을 설정하고 만들기 버튼을 클릭합니다.

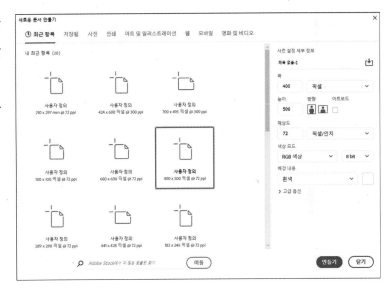

03 새로운 이미지 창이 나타나고 사용자가 원하는 작업을 한 후 파일로 저장하기 위해서는 [파일]-[저장] 또는 [다른 이름으로 저장] 메뉴를 선택하면 컴퓨터와 클라우드 중 선택하여 파일을 저장할 수 있는 대화상자가 나타납니다.

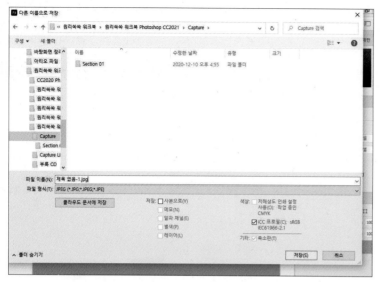

**04** '클라우드 문서에 저장' 버튼을 클릭하여 클라우드 문서로 저장해 두면 언제 어디서나 여러 장치에서 작업할 수 있습니다. 물론 컴퓨터에 저장하고자 한다면 '내 컴퓨터에 저장' 버튼을 클릭하여 파일 이름과 형식을 지정한 후 저장하면 됩니다.

**05** 이번에는 작업 화면에 이미지를 불러오기 위해서 [파일]-[열기] 메뉴를 선택하여 '섹션 01〉샘플〉실습02.jpg' 파일을 선택하고 '열기' 버튼을 클릭합니다.

**06** 불러온 이미지가 화면의 탭에 붙어 불러와지는 것을 볼 수 있습니다.

**07** 만일, 탭 기능을 사용하고 싶지 않을 경우에는 [편집]-[환경 설정]-[작업 영역] 메뉴를 선택하여 '탭으로 문서 열기' 항목의 체크를 해제하면 됩니다.

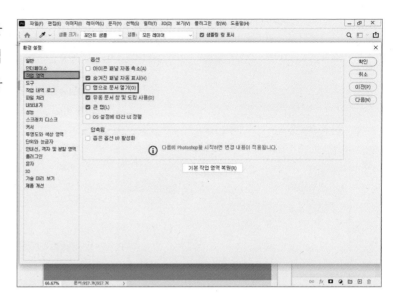

**08** 클라우드 문서에서 파일을 불러오고자 할 경우에는 홈 화면에서 '내 파일' 메뉴를 클릭하여 파일을 열면 됩니다.

**Power Upgrade**

## 새로 만들기 대화상자

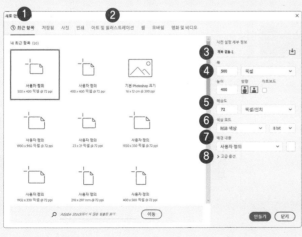

1. 최근에 액세스한 파일, 템플릿 및 항목을 빠르게 불러올 수 있습니다.
2. Adobe Stock : 사진, 인쇄 등 여러 범주의 템플릿을 사용하여 문서를 만들 수 있습니다.
3. 이름 : 파일 이름을 입력합니다.
4. 폭, 높이 : 작업 창의 가로, 세로 크기를 입력합니다.
5. 해상도 : 해상도를 입력합니다.
6. 색상 모드 : 이미지가 표현하는 색상체계를 선택합니다.
7. 배경 내용 : 작업 창의 배경 색상을 선택합니다.
8. 고급 옵션 : 색상 프로필을 지정하거나 다양한 형식의 폭과 높이 비율을 지정할 수 있습니다.

 **01** 앞서 불러왔던 이미지를 화면에 띄웁니다. 도구 패널에서 돋보기 도구를 선택하고 이미지 위를 클릭하면 화면이 확대되는 것을 볼 수 있습니다.

> **강의 노트** 돋보기 도구는 화면에 불러온 이미지를 확대하거나 축소하는 기능으로 한 번씩 클릭할 때마다 100%씩 확대되어 표시됩니다.

**02** 반대로 확대된 이미지를 축소하기 위해서 키보드에서 Alt 키를 누르면 돋보기 도구가 – 모양으로 변경되는데 이때 이미지를 클릭합니다.

> **Tip** 돋보기 도구를 선택하고 이미지에 클릭하면 확대되고, 반대로 Alt 키를 누른 채 클릭하면 축소됩니다. 또한 옵션 패널에서 + 모양과 – 모양으로 이루어진 버튼을 클릭하여 화면을 확대하거나 축소할 수도 있습니다.

**03** 이번에는 화면을 확대시켜 놓은 상태에서 도구 패널의 손 도구를 선택합니다. 그리고 확대된 이미지를 클릭 드래그하여 화면을 이동시켜 봅니다.

> **Tip** 확대된 이미지의 화면 이동시 손 도구를 사용하기도 하지만, 키보드에서 Space Bar 를 누른 채 화면을 이동시키는 방법을 사용하면 작업이 매우 용이합니다.

**04** 도구 패널에서 손 도구를 더블클릭합니다. 그러면 이미지가 문서 창의 크기에 맞게 크기가 조절되어 표시됩니다.

**05** 다시 이번에는 돋보기 도구를 더블클릭하면 이미지가 100% 크기로 변경되어 보입니다.

 **강의 노트** 돋보기 도구나 손 도구를 선택하고 옵션 패널을 보면 실제 픽셀과 화면 맞추기 버튼을 클릭하는 것과 동일한 결과를 얻을 수 있습니다.

## 돋보기 도구 옵션 패널

🏠 🔍 ∨ ⊕ ⊖ ☑ 창 크기 조정 ☐ 모든 창 확대/축소 ☐ 스크러비 확대/축소 100% 화면 맞추기 화면 채우기
　　　　　　　　❶　　　　　❷　　　　　　❸　　　❹　　　❺　　　　❻

1. **창 크기 조정**
   이미지를 확대, 축소할 때 이미지 창에 이미지가 꽉 찬 상태로 고정되어 나타납니다.

2. **모든 창 확대/축소**
   현재 포토샵 내에 열려 있는 모든 이미지가 함께 확대, 축소됩니다.

3. **스크러비 확대/축소**
   마우스를 드래그 하지 않고 누르고 있을 경우에 부드럽게 화면이 확대 및 축소됩니다.

4. **100%**
   이미지를 실제 픽셀 크기로 보여줍니다.

5. **화면 맞추기**
   전체 창의 크기에 맞게 이미지를 보여줍니다.

6. **화면 채우기**
   전체 윈도우 창 크기에 맞게 이미지를 보여줍니다.

# 이미지 사이즈와 캔버스 사이즈 조절하기

**01** [파일]-[열기] 메뉴를 선택하여 '섹션 01〉샘플〉실습04.jpg' 이미지를 불러옵니다.

**02** [이미지]-[이미지 크기] 메뉴를 선택하여 나타난 대화상자에서 왼쪽의 사슬 모양 항목을 체크하고 폭 값을 조절합니다.

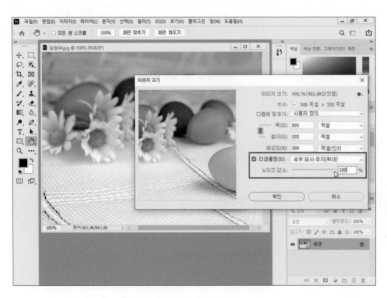

**03** 하단의 리샘플링 항목에서 '세부 묘사 유지(확대)'를 선택하면 하단에 노이즈를 감소시킬 수 있는 옵션이 나타납니다. 여기서 노이즈 감소를 100%로 설정하면 미리 보기 창에 깨끗하게 보정된 이미지를 확인할 수 있습니다.

> **TIP**
> 이미지를 키울수록 픽셀이 깨진 듯한 노이즈가 생깁니다. 이 노이즈를 줄여줄수록 색상의 경계면이 매끄럽게 표현되어 노이즈가 감소합니다.

**04** '확인' 버튼을 누르면 이미지의 크기가 작아지는 것을 볼 수 있습니다.

**05** Ctrl + Z 를 눌러 명령을 취소한 후 이번에는 [이미지]-[캔버스 크기] 메뉴를 선택합니다.

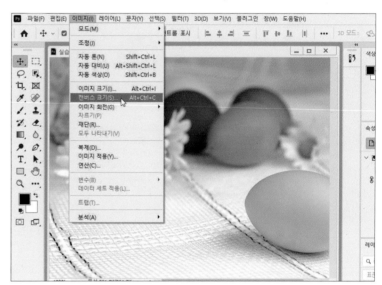

**06** 대화상자에서 '상대치' 항목을 체크한 후 키우고자 하는 만큼의 폭과 높이 값을 입력합니다. 기준 옵션에서는 이미지의 위치를 지정하고, 캔버스 확장 색상은 흰색으로 지정한 후 확인 버튼을 클릭합니다.

**07** 이미지의 크기는 그대로 유지된 채 캔버스 크기만 키워진 것을 볼 수 있습니다.

## Power Upgrade

### 이미지 크기 대화상자

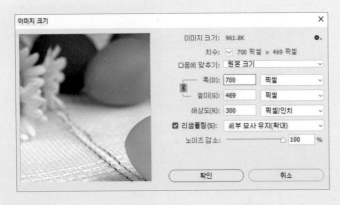

1. **이미지 크기** : 현재 열려 있는 이미지의 폭과 높이의 크기를 나타내는 부분입니다.
2. **다음에 맞추기** : 이미지의 크기를 센티미터나 인치, 밀리미터 등으로 표시해 다양한 샘플 사이즈를 사용할 수 있습니다.
3. **종횡비 제한 아이콘** : 이미지의 폭 값이나 높이 값 중 하나만 조절해도 나머지를 같은 비율의 크기로 조절해 줍니다.
4. **해상도** : 해상도를 나타냅니다.
5. **리샘플링** : 레이어 스타일을 적용한 이미지의 경우 이 항목을 체크하게 되면 이미지의 크기에 맞게 레이어 스타일 설정 값도 함께 변경됩니다.

### 캔버스 크기 대화상자

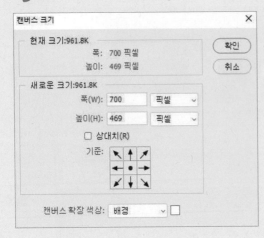

1. **현재 크기** : 현재 열려 있는 이미지의 가로, 세로 크기를 나타냅니다.
2. **새로운 크기** : 새롭게 조절하고자 하는 이미지의 가로, 세로 크기를 입력하는 부분입니다.
3. **상대치** : 이 항목을 체크하게 되면 기존의 이미지 크기에서 키우고자 하는 만큼의 수치 값만을 입력하면 됩니다.
4. **기준** : 캔버스 크기가 커졌을 경우 기존 이미지의 위치를 지정합니다.
5. **캔버스 확장 색상** : 캔버스 크기가 커졌을 경우 배경 색상을 지정합니다.

01 [파일]-[열기] 메뉴를 선택하여 '섹션 01〉샘플〉실습05-01.psd, 실습05-02.psd' 두 이미지를 불러옵니다.

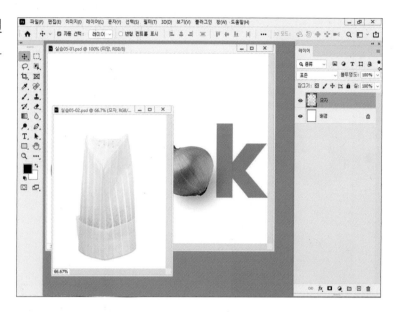

02 실습05-01.psd 파일을 선택하고, [창]-[레이어] 메뉴를 선택하여 레이어 패널을 불러옵니다. 레이어 패널을 보면 여러 개의 레이어가 분리되어 있는 것을 볼 수 있습니다.

03 실습05-02.psd 파일을 선택하고 도구 패널에서 이동 도구를 선택합니다. 그런 다음 레이어 패널에서 모자 레이어를 선택하고, 실습05-01.psd 파일로 드래그하면 레이어 패널에 모자 레이어가 생기면서 이미지가 이동됩니다.

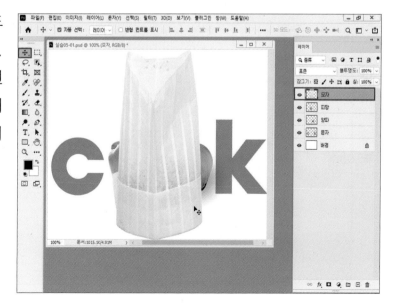

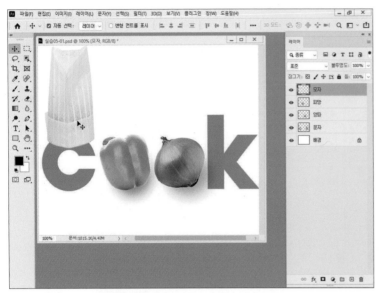

**04** 이미지의 크기를 조절하기 위해서 [편집]-[자유 변형] 메뉴를 실행합니다. 그리고 변형 컨트롤의 모서리 부분을 드래그 하여 크기를 조절하고 Enter 키를 누르거나 변형 컨트롤 안쪽 부분을 더블클릭합니다.

> **Tip**
> 기존에는 이미지 크기를 조절할 때 Shift 키를 누른 채 드래그 하여야 가로, 세로 비율이 유지된 채로 조절되었지만, CC 2019 버전부터는 Shift 키를 누르지 않아도 옵션 패널에서 '종횡비를 유지합니다.' 항목에 체크되어 있으면 비례적으로 크기가 조절됩니다.

**05** 이번에는 Alt 키를 누른 채 모자 이미지를 옆으로 드래그하면 레이어 패널에 사본이 하나 더 생기면서 이미지가 복사됩니다.

> **Tip**
> 복사하고자 하는 레이어를 선택하고 레이어 패널 하단에 '새 레이어를 만듭니다.' 버튼으로 드래그 하여 복사할 수도 있으며, '레이어를 삭제합니다.' 버튼으로 드래그 하여 선택된 레이어를 삭제할 수도 있습니다.

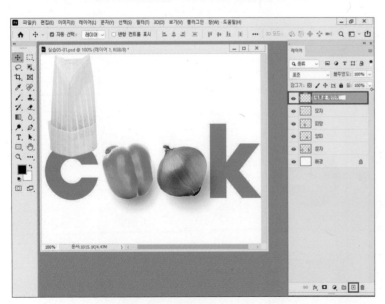

**06** 작업도중 새로운 투명 레이어가 필요할 경우에도 레이어 패널 하단의 '새 레이어를 만듭니다.' 버튼을 클릭하여 새로운 레이어를 추가하여 작업할 수 있으며, 만들어진 레이어의 이름 부분에 마우스를 더블클릭하여 원하는 이름으로 변경할 수도 있습니다.

**07** 레이어 패널에서 겹쳐있는 레이어의 위치를 변경하고자 할 경우에는 해당 레이어를 선택하고 이동시키고자 하는 레이어 위로 드래그하면 겹쳐지는 레이어의 순서가 바뀌게 됩니다.

**08** 또한 레이어 패널에서 눈 버튼을 클릭하여 화면에 이미지가 보이게 하거나 또는 가려지게 할 수 있어 작업을 용이하게 도와줍니다.

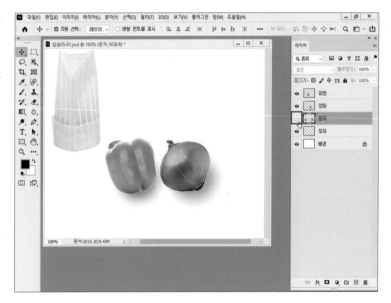

**09** 마지막으로 분리되어 있는 레이어들을 하나로 합치고자 할 경우에는 Shift 키를 누른 채 레이어를 다중 선택하고 마우스 오른쪽 키를 눌러 '레이어 병합'을 선택합니다.

**Tip**

연속적인 레이어가 아닌 개별적으로 레이어를 여러 개 선택하고자 할 경우에는 Ctrl 키를 누른 상태에서 선택하고자 하는 레이어를 클릭하면 됩니다.

**01** http://www.adobe.com/kr에 접속하여 로그인 한 후 'Creative Cloud' 열기 버튼을 클릭합니다.

**02** 상단 메뉴에서 '파일' 메뉴를 클릭하면 크리에이티브 클라우드 저장 공간이 나타나고, 오른쪽 상단에 '새 폴더'를 클릭합니다.

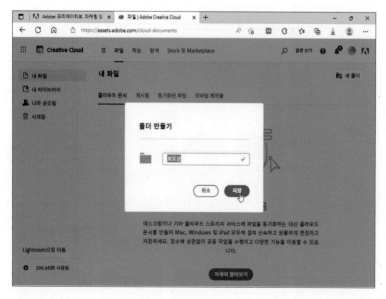

**03** 폴더 이름을 입력하고 '저장' 버튼을 클릭합니다.

**04** 폴더가 만들어지면 폴더를 클릭하여 폴더 안으로 이동합니다.

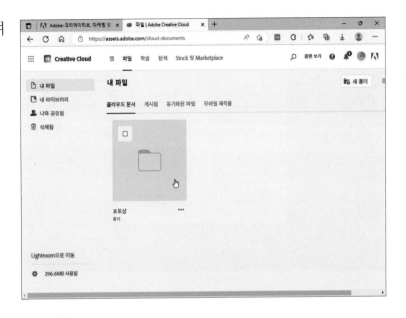

**05** 처음 접속하였을 경우에는 클라우드에 저장된 파일이 존재하지 않기 때문에 파일이 없지만, 포토샵에서 '클라우드 문서에 저장'을 클릭하여 앞서 생성한 폴더 안에 파일을 저장하였을 경우 파일을 선택할 수 있습니다.

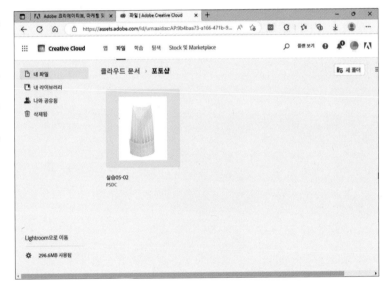

**06** 올려진 이미지를 공유하기 위해서 오른쪽 하단의 아이콘을 클릭하여 '공유'를 선택합니다.

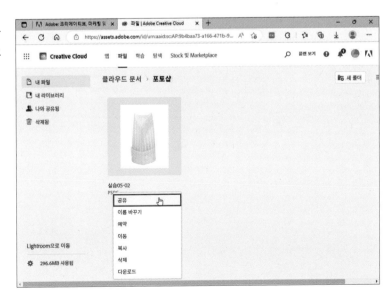

**07** 바뀐 화면에서 '링크 복사'를 클릭하여 URL을 저장합니다.

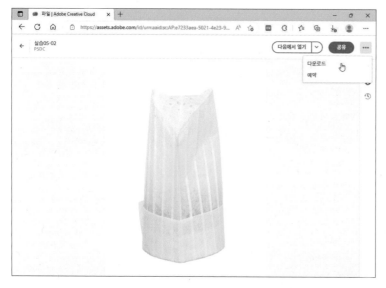

**08** 그런 다음 새로운 인터넷 창을 실행하고 주소 창에 Ctrl + V 를 누르거나 앞서 복사한 URL을 입력하면 업로드 된 이미지를 다운받을 수 있습니다.

**TIP**

클라우드 문서에 저장된 파일들을 위와 동일한 방법으로 작업자들끼리 공유가 가능합니다.

MEMO

**1**

준비파일을 불러온 후 돋보기 도구와 손 도구를 이용하여 이미지를 확대해보고 위치도 변경해 보세요.

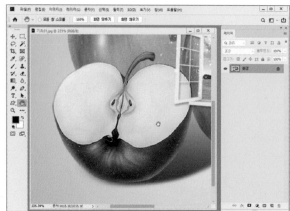

▲ 준비파일 : 섹션 01〉샘플〉기초01.jpg

**2**

준비파일을 불러온 후 이미지 크기를 조절해 보세요.

▲ 준비파일 : 섹션 01〉샘플〉기초02.jpg　　　　　　▲ 완성파일 : 섹션 01〉완성〉기초02.psd

**3**

준비파일을 불러온 후 캔버스 크기를 조절해 보세요.

▲ 준비파일 : 섹션 01〉샘플〉기초03.jpg　　　　　　▲ 완성파일 : 섹션 01〉완성〉기초03.psd

① 준비된 파일을 불러온 후 완성파일처럼 이미지를 합성해 보세요.

▲ 준비파일 : 섹션 01〉샘플〉심화01-01.jpg, 심화01-02.psd          ▲ 완성파일 : 섹션 01〉완성〉심화01.psd

② 준비파일들을 불러와 완성파일처럼 합성해 보세요.

▲ 준비파일 : 섹션 01〉샘플〉심화02-01.jpg, 심화02-02.psd          ▲ 완성파일 : 섹션 01〉완성〉심화02.psd

③ 준비된 파일을 불러온 후 완성파일처럼 이미지를 합성해 보세요.

 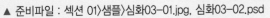 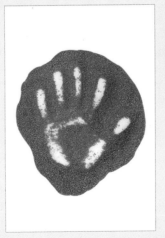 

▲ 준비파일 : 섹션 01〉샘플〉심화03-01.jpg, 심화03-02.psd          ▲ 완성파일 : 섹션 01〉완성〉심화03.psd

# 선택 영역 설정하기

선택 도구는 이미지에 사용자가 원하는 선택 영역을 만든 후 채색, 복사, 이동, 변형 등의 작업을 진행할 수 있도록 합니다. 이미지의 수정 및 편집 작업에는 선택 도구와 이동 도구의 활용을 빼놓고 이야기 할 수 없을 만큼 사용 빈도가 높은 도구이기 때문에 매우 중요한 부분이기도 합니다. 아울러 옵션 패널의 세부적인 특성과 옵션 사항까지 충분히 숙지하시기 바랍니다.

Preview

### ■■ 학습내용

실습 01. 다양한 선택 도구를 사용한 이미지 선택하기
실습 02. 이미지 선택 후 이동 및 복사하기
실습 03. 자석 올가미 도구로 이미지 선택하기
실습 04. 빠른 선택으로 이미지 합성하기
실습 05. 빠른 마스크 모드를 이용한 흑백 이미지 만들기
실습 06. 개체 선택 도구로 이미지 빠르게 선택하기

▲ 완성 파일 : 섹션 02〉완성〉실습01.psd

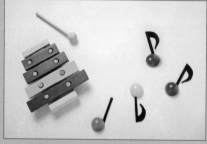

▲ 완성 파일 : 섹션 02〉완성〉실습02.psd

▲ 완성 파일 : 섹션 02〉완성〉실습03.psd

▲ 완성 파일 : 섹션 02〉완성〉실습04.psd

▲ 완성 파일 : 섹션 02〉완성〉실습05.psd

▲ 완성 파일 : 섹션 02〉완성〉실습06.psd

### ✓ 체크포인트

- 사각형 선택 윤곽 도구 등 다양한 선택 도구들을 사용하여 이미지를 선택해 봅니다.
- 올가미 도구로 페더 값을 설정하여 이미지를 선택한 후 복사합니다.
- 자석 올가미 도구로 빈도 수 값을 조절하여 이미지를 선택합니다.
- 자동 선택 도구로 이미지를 선택한 후 이동 도구로 드래그 하여 두 개의 이미지를 합성합니다.
- 빠른 마스크 모드를 활용하여 이미지 선택 후 흑백으로 변환시킵니다.
- 개체 선택 도구를 사용하여 이미지에서 원하는 부분을 빠르게 선택합니다.

[파일]-[열기] 메뉴를 선택하여 '섹션 02〉샘플〉실습01.jpg' 파일을 불러옵니다. 도구 패널에서 사각형 선택 윤곽 도구를 선택하고 이미지에 드래그 하여 사각형 모양으로 선택합니다.

> **강의 노트** 사각형 선택 윤곽 도구는 사각형 모양으로 이미지를 선택하고, 원형 선택 윤곽 도구는 원 모양으로 이미지를 선택하는 도구입니다. [Shift] 키를 누른 채 드래그 하게 되면 정사각형이나 정원 모양으로 선택할 수 있습니다.

02 [선택]-[선택 해제] 메뉴를 선택하거나 [Ctrl]+[D] 단축키를 눌러 선택 영역을 해제하고, 이번에는 원형 선택 윤곽 도구를 선택합니다. 그런 다음 [Alt]+[Shift] 키를 누른 채 원 이미지의 중앙에서부터 마우스를 드래그 하여 선택합니다.

> **Tip** [Alt] 키는 마우스를 클릭한 부분이 중앙이 되도록 하기 위해서이고, [Shift] 키는 정원 모양으로 선택하기 위해서 사용합니다.

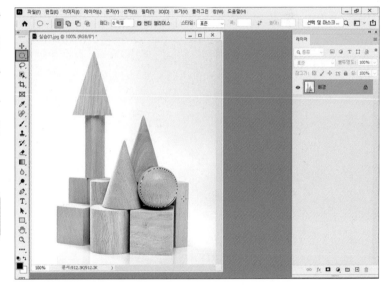

03 만일 선택된 영역이 정확치 않을 경우에는 도구 패널에서 선택 도구가 지정된 상태에서 영역 안쪽을 드래그 하여 선택 영역만을 이동 할 수 있습니다.

**04** 계속하여 [선택]-[선택 영역 변형] 메뉴를 클릭하여 Alt + Shift 키를 누른 채 변형 컨트롤의 모서리 부분을 드래그하여 선택 영역의 크기를 조절합니다.

TIP

[선택]-[선택 영역 변형] 명령은 이미지에 직접적으로 영향을 주지 않고 선택 영역의 크기를 조절하거나 회전시키고자 할 때 사용하는 기능입니다. 또한 앞서 언급했다시피 CC 2019 버전부터는 Shift 키를 누르지 않아도 비례적으로 크기 조절이 가능합니다.

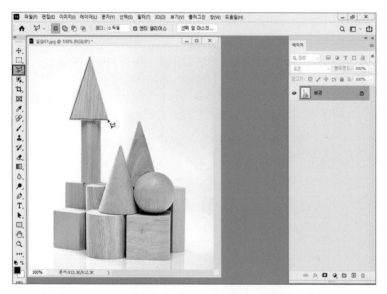

**05** 이번에는 다각형 올가미 도구를 선택하고 마우스를 클릭하여 시작점을 만든 후 이미지 외곽을 따라 마우스를 클릭해 갑니다. 영역이 잘못 선택되었을 경우에는 Delete 키를 눌러 취소하고 다시 선택할 수 있습니다.

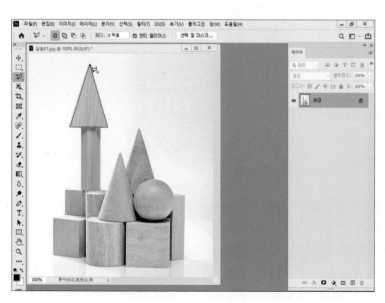

**06** 처음 시작했던 위치에 마우스를 가까이 올리면 원 모양으로 바뀌는 것이 보입니다. 이때 클릭하면 다각형 모양으로 선택 영역이 만들어 집니다.

# 사각형 선택 윤곽 도구 옵션 패널

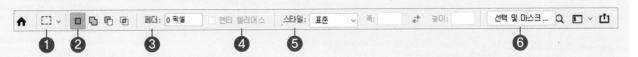

## 1. 도구 프리셋

도구 프리셋은 작업자가 자주 사용하는 옵션 상태를 저장한 후 작업 시 빠르게 선택하여 사용할 수 있는 기능으로 현재 선택된 도구에 관련된 프리셋을 선택할 수 있습니다.

## 2. 선택 옵션 모드

ⓐ 새 선택 영역 : 일반적인 선택 방법으로 드래그 하여 새로운 영역을 선택합니다.

ⓑ 선택 영역에 추가 : 기존에 선택된 영역에 새로운 선택 영역을 추가합니다.

ⓒ 선택 영역에서 빼기 : 기존에 선택된 영역에서 새로운 선택 영역을 제거합니다.

ⓓ 선택 영역과 교차 : 기존 선택 영역에서 새로운 선택 영역과의 공통된 부분만을 선택합니다.

## 3. 페더

선택 영역의 경계선에 부드럽게 퍼지는 효과를 적용하는 기능으로 값이 커질수록 경계 부분의 퍼짐 효과가 많아집니다.

〈0일 경우〉

〈10일 경우〉

〈20일 경우〉

## 4. 앤티 앨리어스

선택 영역의 경계선을 부드럽게 처리해주는 기능으로 특히 사선이나 곡선 주위의 계단 현상을 부드럽게 해줍니다.

〈체크하지 않았을 경우〉

〈체크하였을 경우〉

## 5. 스타일

선택 영역을 지정할 때 마우스로 드래그 하여 지정할 것인지, 값을 입력하여 정확히 지정할 것인지를 결정하는 옵션입니다.

ⓐ 표준 : 사용자가 마우스로 드래그 하여 선택 영역을 지정합니다.

ⓑ 고정비 : 가로, 세로의 비율을 일정하게 선택합니다.

ⓒ 크기 고정 : 입력한 값만큼의 픽셀 크기로 영역을 선택합니다.

## 6. 선택 및 마스크

선택영역의 테두리에 있는 픽셀들을 어떻게 처리할 것인지를 선택하는 기능입니다.

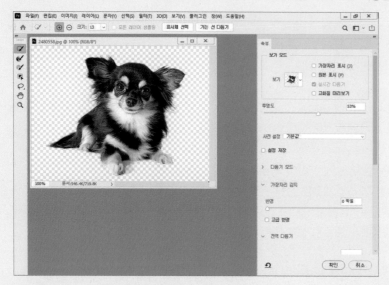

ⓐ 빠른 선택 도구, 가장자리 다듬기 브러시 도구, 브러시 도구, 개체 선택 도구, 올가미 도구, 손 도구, 돋보기 도구 : 화면을 확대하거나 축소할 수 있으며, 마우스를 드래그하여 다듬을 영역을 확장하거나 축소, 좀 더 세밀히 영역을 편집할 수 있는 도구들입니다.

ⓑ 보기 모드 : 선택 영역의 이미지를 다양한 형태로 표현합니다.

 – 어니언 스킨 : 선택 영역을 애니메이션 스타일로 시각화합니다.

 – 개미들의 행진 : 선 수치에 따라 선택 영역의 변화를 볼 수 있습니다.

 – 오버레이 : 마스크 모드로 선택 영역을 전환합니다.

 – 검정 바탕 : 검정색 배경에 마스크 됩니다.

 – 흰색 바탕 : 흰색 배경에 마스크 됩니다.

 – 흑백 : 흑과 백의 농도로 표시됩니다.

 – 레이어 바탕 : 레이어에 마스크 됩니다.

〈어니언 스킨〉　　〈개미들의 행진〉　　〈오버레이〉

〈검정 바탕〉　　〈흰색 바탕〉　　〈흑백〉　　〈레이어 바탕〉

ⓒ 가장자리 감지 : 경계를 재구성하여 세밀한 선택이 가능합니다.

　－ 반경 : 자동으로 경계를 구성합니다.

ⓓ 전역 다듬기 : 이미지 경계를 조정합니다. 경계를 부드럽게 나타내거나 대비를 강하게 조정할 수 있어 선택 영역의 경계를 확장 또는 축소할 수 있습니다.

　－ 매끄럽게 : 선택 영역의 테두리를 부드럽게 처리합니다.

　－ 페더 : 값이 클수록 테두리 부분이 부드럽게 처리됩니다.

　－ 대비 : 선택 영역의 경계면의 대비차를 조절합니다.

　－ 가장자리 이동 : 선택 영역의 경계를 추가/삭제 합니다.

ⓔ 출력 설정 : 선택 영역의 이미지를 나타내는 형식을 설정합니다. 새로운 레이어나 마스크 형식 또는 새로운 문서에 선택 영역의 이미지를 나타낼 수 있습니다.

　－ 색상 정화 : 경계면 색상을 제거합니다. 경계면의 색상을 지워 배경과 자연스럽게 합성될 수 있는 양을 조절합니다.

　－ 출력 위치 : 선택 영역의 이미지를 재구성하는 방법을 설정합니다. 새로운 레이어에 잘라 내거나 마스크 처리 또는 새 문서에 나타낼 수 있습니다.

# 이미지 선택 후 이동 및 복사하기

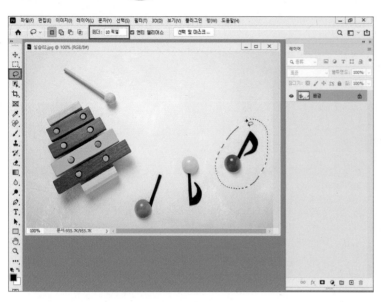

**01** [파일]-[열기] 메뉴를 선택하여 '섹션 02〉샘플〉실습02.jpg' 파일을 불러옵니다. 도구 패널에서 올가미 도구를 택하고 옵션 패널에서 페더 값을 설정한 후 음표 이미지 부분을 드래그 하여 선택합니다.

**강의노트** 올가미 도구는 원하는 만큼 마우스를 자유롭게 드래그 하여 선택하는 선택 도구입니다.

**TIP**
페더는 선택 영역의 외곽을 부드럽게 퍼지게 하는 기능으로 값이 클수록 퍼지는 정도가 강하여 경계부분을 자연스럽게 선택할 수 있습니다.

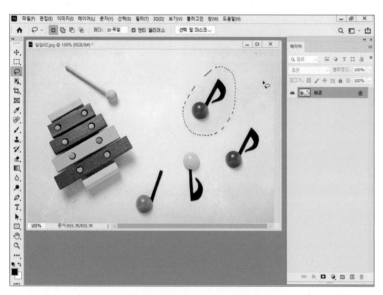

**02** [Ctrl] + [Alt] 키를 누른 채 선택한 부분을 드래그하거나, 또는 도구 패널에서 이동 도구를 선택한 후 [Alt] 키를 누른 채 드래그 하여 이미지를 하나 더 복사합니다.

**TIP**
선택 도구가 선택된 상태에서 이동 도구 역할을 하기 위해서 [Ctrl] 키를 사용하는 것이고, [Alt] 키는 이미지를 복사하기 위한 단축키입니다.

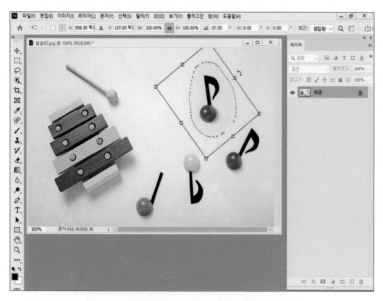

**03** 그런 다음 [편집]-[자유 변형] 메뉴를 선택하여 원하는 만큼 회전시킨 후 [Enter] 키를 누릅니다.

**01** [파일]-[열기] 메뉴를 선택하여 '섹션 02〉샘플〉실습03.jpg 파일을 불러옵니다.

**02** 도구 패널에서 자석 올가미 도구를 선택하고 옵션 패널에서 빈도수를 조절합니다.

 **강의 노트** 자석 올가미 도구는 마우스로 드래그 하여 이미지의 경계 부분의 색상 및 채도를 자동으로 추적하여 선택합니다.

**TIP**
빈도수는 기준점의 생성 개수를 조절할 수 있는 옵션으로 기준점이 많이 표시될수록 정교하게 선택할 수 있습니다.

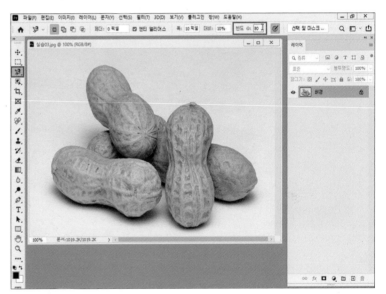

**03** 이미지를 클릭하여 시작점을 만든 후 외곽을 따라 마우스를 이동시키면 자동으로 포인터가 생성되면서 영역 라인이 만들어집니다. 작업 도중 잘못 지정된 부분은 Delete 키를 눌러 포인터를 삭제시키면 됩니다.

**04** 작업을 계속하여 시작점과 연결시키면 선택 영역으로 전환되고, 만일 처음 시작하였던 시작점을 찾을 수 없을 경우에는 마우스를 더블클릭하면 됩니다.

**05** 돋보기 도구로 확대하여 경계가 제대로 선택되지 않은 부분이 있다면 올가미 도구를 사용하여 선택 영역을 정교하게 잡아줍니다.

**TIP**

기존의 선택 영역에서 **Shift** 키를 눌러 추가적으로 선택하거나 **Alt** 키를 눌러 선택 영역을 제외시켜주면 됩니다.

Power Upgrade

# 자석 올가미 도구 옵션 패널

## 1. 선택모드

ⓐ 새 선택 영역 : 일반적인 선택 방법으로 드래그 하여 새로운 영역을 선택합니다.

ⓑ 선택 영역에 추가 : 기존에 선택된 영역에 새로운 선택 영역을 추가합니다.

ⓒ 선택 영역에서 빼기 : 기존에 선택된 영역에서 새로운 선택 영역을 제거합니다.

ⓓ 선택 영역과 교차 : 기존 선택 영역에서 새로운 선택 영역과의 공통된 부분만을 선택합니다.

## 2. 페더

선택 영역의 경계선에 부드럽게 퍼지는 효과를 적용하는 기능으로 수치가 커질수록 경계 부분의 퍼짐 효과가 많아 집니다.

## 3. 앤티 앨리어스

선택 영역의 경계선을 부드럽게 처리해주는 기능으로 특히 사선이나 곡선 주위의 계단 현상을 부드럽게 해줍니다.

## 4. 폭

경계선의 색상을 추출하는 옵션으로 256픽셀까지 지정할 수 있습니다. 수치가 적을수록 색상 차를 분명히 찾아낼 수 있어 이미지의 경계선을 섬세하게 추출해 낼 수 있습니다.

## 5. 대비

선택하고자 하는 이미지 경계선의 대비 정도를 지정하는 옵션입니다. 수치가 높을수록 색상 경계가 부드럽게 선택 되며 낮을수록 대비가 작은 경계선까지 포함하므로 좀 더 자세히 선택할 수 있습니다.

## 6. 빈도수

기준점의 생성 개수를 조절할 수 있는 옵션으로 기준점이 많이 표시될수록 정교하게 선택할 수 있습니다.

〈값이 57일 경우〉

〈값이 80일 경우〉

## 7. 타블렛 압력을 사용하여 펜 폭을 변경할 수 있습니다.

타블렛 사용자가 이용할 수 있는 옵션으로 체크를 하게 되면 펜 압력에 따라 선택 영역을 지정할 수 있는 기능입니다.

## 8. 선택 및 마스크

선택영역의 테두리에 있는 픽셀들을 어떻게 처리할 것인지를 선택하는 기능입니다.

**01** [파일]-[열기] 메뉴를 선택하여 '섹션 02〉샘플〉실습04-01.jpg, 실습04-02.jpg 두 파일을 불러옵니다.

**02** 도구 패널에서 자동 선택 도구를 선택하고 옵션 패널에서 허용치 값을 설정합니다. 또한 인접 항목을 클릭하여 체크를 해제하고 배경 흰색 부분을 클릭합니다.

> **강의노트** 자동 선택 도구는 비슷한 색상을 한 번에 선택할 수 있는 편리한 기능으로 단일 색상의 이미지를 선택할 때 가장 빠르고 효과적으로 선택할 수 있습니다.

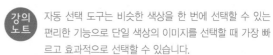

> **Tip** 인접 옵션은 클릭한 지점에 해당하는 이미지와 동일 색상만을 선택하고, 체크를 해제할 경우에는 이미지 전체에서 클릭한 지점과 동일한 색상을 모두 선택할 수 있습니다.

**03** 그런 다음 [선택]-[반전] 메뉴를 클릭하여 선택 영역을 반전시켜 화분을 선택합니다.

**04** 도구 패널에서 이동 도구를 선택하고 배경 이미지로 드래그 하여 이동시킵니다. 레이어 패널을 보면 레이어가 하나 더 생성된 것을 볼 수 있습니다.

**05** 계속하여 [편집]-[자유 변형] 메뉴를 실행하여 변형 조절점의 모서리 부분을 드래그 하여 크기를 축소하고 [Enter] 키를 누릅니다.

**Tip**

기존에는 이미지 크기를 조절할 때 [Shift] 키를 누른 채 드래그 하여야 가로, 세로 비율이 유지된 채로 조절되었지만, CC 2019 버전부터는 [Shift] 키를 누르지 않아도 비례적으로 크기가 조절됩니다.

## Power Upgrade

## 자동 선택 도구 옵션 패널

① 샘플 크기   ② 허용치   ③ 인접   ④ 모든 레이어 샘플링   ⑤ 피사체 선택

1. **샘플 크기**
   클릭하는 지점의 가로, 세로 픽셀 면적을 색상의 평균값으로 비슷한 색상 영역을 선택합니다.

2. **허용치**
   선택 영역의 범위를 지정하는 옵션으로 255까지 입력할 수 있습니다. 수치 값이 클수록 선택되는 영역이 넓어집니다.

〈값이 32일 경우〉

〈값이 60일 경우〉

### 3. 인접

클릭한 지점에 해당하는 이미지만 동일 색상을 선택합니다. 체크를 해제할 경우에는 이미지 전체에서 클릭한 지점과 동일한 색상을 모두 선택할 수 있습니다.

〈체크 하였을 경우〉                                     〈체크 하지 않았을 경우〉

### 4. 모든 레이어 샘플링

레이어 구분과 관계없이 자동 선택 도구로 클릭한 지점과 동일한 색상을 선택합니다.

### 5. 피사체 선택

이 명령을 사용하면 한 번의 클릭으로 이미지에서 가장 두드러진 피사체를 빠르게 선택할 수 있습니다. 피사체 선택은 이미지에서 사람, 애완동물, 차량, 장난감 등과 같은 다양한 개체를 식별할 수 있습니다.

## 빠른 선택 도구 옵션 패널

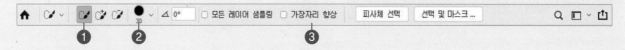

### 1. 선택 모드

선택 영역을 추가하거나 제외시켜가며 선택 영역을 편집할 수 있습니다.

### 2. 브러시 옵션

브러시의 크기를 조절하여 마우스를 드래그 하며 선택 영역을 만들어 줍니다.

### 3. 가장자리 향상

선택 영역이 이미지 가장자리를 향해 자동으로 흐르게 되며 선택 및 마스크 대화 상자에서 대비 및 반경 옵션을 통해 수동으로 적용할 수 있는 가장자리 다듬기의 일부가 적용됩니다.

**01** [파일]-[열기] 메뉴를 선택하여 '섹션 02〉샘플〉실습05.jpg 파일을 불러옵니다.

**02** 도구 패널 하단의 '빠른 마스크 모드로 편집' 버튼을 클릭한 후 브러시 도구를 선택합니다. 그리고 옵션 패널에서 브러시의 종류와 크기를 설정합니다.

**강의노트** 빠른 마스크 모드는 브러시 도구로 색을 칠하여 선택 영역을 만드는 기능입니다.

**03** 전경색이 검정색으로 지정되어 있음을 확인하고, 중앙의 이미지 부분을 마우스로 드래그 하여 색을 칠합니다. 잘못 색상이 채워진 부분은 전경색을 흰색으로 교체하여 색 칠한 부분을 다시 드래그 하면 색상이 지워지게 됩니다.

**04** 다시 표준 모드로 편집을 클릭하여 돌아오면 색상이 칠해진 부분을 제외한 나머지가 선택 영역으로 활성화 되는 것을 볼 수 있습니다.

**TIP**
빠른 마스크 모드로 편집에서 해당 버튼을 더블클릭하면 빠른 마스크 옵션 대화상자가 뜨는데, 만일 선택 영역 항목을 체크하게 되면 색칠된 부분이 선택됩니다.

**05** [이미지]-[조정]-[채도 감소] 메뉴를 클릭하여 선택된 부분을 흑백 이미지로 변환시켜줍니다.

**TIP**
채도 감소는 컬러 이미지를 흑백 이미지로 변환시키는 기능입니다.

## Power Upgrade

# 개체 선택 도구 옵션 패널

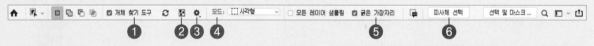

1. **개체 찾기 도구** : 선택하려는 이미지 위로 포인터를 가져가면 색이 어두워지고 마우스를 클릭하면 자동으로 선택합니다.

2. **모든 개체 표시** : 선택하고자 하는 이미지를 미리보기 합니다.

3. **추가 옵션 설정** : 개체 빼기와 오버레이 되는 색상의 농도 및 표시 항목을 조절할 수 있습니다.

4. **모드** : 올가미 모드는 선택하고자 하는 이미지 외곽을 따라 자유롭게 마우스를 드래그하여 선택하고, 사각형 모드는 사각형 영역으로 선택합니다.

5. **굵은 가장자리** : 선택 영역이 이미지 가장자리를 향해 자동으로 흐르게 되며 선택 및 마스크 작업 영역에서 수동으로 적용할 수 있는 가장자리 다듬기의 일부가 적용됩니다.

6. **피사체 선택** : 피사체 선택 명령을 사용하면 한 번의 클릭으로 이미지에서 가장 두드러진 피사체를 선택할 수 있습니다.

01 [파일]-[열기] 메뉴를 선택하여 '섹션 02〉샘플〉실습06.jpg 파일을 불러옵니다.

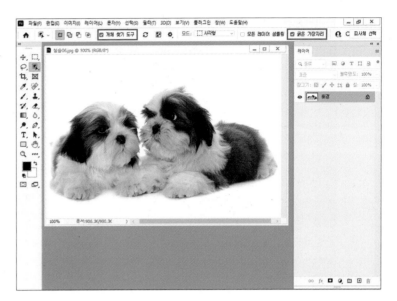

02 도구 패널에서 개체 선택 도구를 선택하고 옵션 패널에서 '개체 찾기 도구' 항목을 체크합니다. 또한 굵은 가장자리 항목을 체크한 상태로 오른쪽 강아지 부분을 클릭합니다.

 개체 선택 도구는 이미지에서 인물, 자동차, 가구, 애완동물, 옷 등의 단일 이미지 또는 전체 이미지에서 일부분을 선택하고자 할 때 빠르게 선택할 수 있는 도구입니다.

03 Ctrl + D 를 눌러 선택 영역을 해제하고, 이번에는 개체 선택 도구가 선택된 상태에서 옵션 패널의 피사체 선택 버튼을 클릭해 봅니다.

 개체 선택 도구는 이미지에서 일부분을 드래그하여 선택할 때 유용하고, 반면에 '피사체 선택' 항목을 체크하면 이미지 전체의 피사체를 선택하는 옵션입니다.

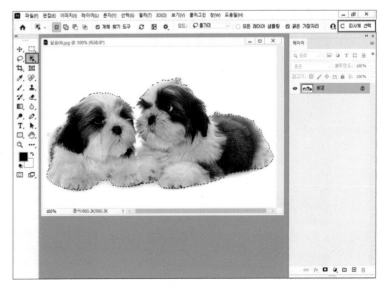

# 기초문제

**1**

준비파일을 불러온 후 선택 도구를 사용하여 이미지를 흑백으로 전환시켜 보세요.

▲ 준비파일 : 섹션 02〉샘플〉기초01.jpg          ▲ 완성파일 : 섹션 02〉완성〉기초01.psd

**힌트** • 사각형 선택 윤곽 도구, [선택]–[반전], [이미지]–[조정]–[채도 감소]를 사용한 흑백이미지 변경

**2**

선택 도구를 사용하여 이미지를 복사하고 크기를 조절해 보세요.

▲ 준비파일 : 섹션 02〉샘플〉기초02.jpg          ▲ 완성파일 : 섹션 02〉완성〉기초02.psd

**힌트** • 올가미 도구 사용과 페더 값 조절, Alt 키를 사용한 이미지 복사, [편집]–[자유 변형]을 사용한 크기 조절과 회전

**3**

두 개의 파일을 불러온 후 선택 도구를 사용하여 이미지를 합성해 보세요.

▲ 준비파일 : 섹션 02〉샘플〉기초03-01.jpg, 기초03-02.jpg          ▲ 완성파일 : 섹션 02〉완성〉기초03.psd

**힌트** • 이동 도구, 자동 선택 도구를 사용한 이미지 선택

1) 이미지를 불러온 후 완성파일처럼 꾸며보세요.

▲ 준비파일 : 섹션 02〉샘플〉심화01.jpg ▲ 완성파일 : 섹션 02〉완성〉심화01.psd

힌트 • [보기]-[눈금자], 안내선 사용, 단일 행 선택 윤곽 도구, 단일 열 선택 윤곽 도구, 사각형 선택 윤곽 도구를 사용한 선택과
Alt + Delete 로 색상 채워 넣기

2) 준비된 이미지를 불러온 후 배경을 흑백처리 해 보세요.

▲ 준비파일 : 섹션 02〉샘플〉심화02.jpg ▲ 완성파일 : 섹션 02〉완성〉심화02.psd

힌트 • [선택]-[색상 범위]를 사용한 이미지 선택, [이미지]-[조정]-[흑백]로 흑백 전환

3) 준비된 파일들을 불러온 후 완성파일처럼 이미지를 합성해 보세요.

▲ 준비파일 : 섹션 02〉샘플〉심화03-01.jpg, 심화03-02.psd ▲ 완성파일 : 섹션 02〉완성〉심화03.psd

힌트 • 개체 선택 도구, [선택]-[반전], 가장자리 다듬기 기능 활용, [편집]-[자유 변형]을 사용한 이미지 크기 조절

# 03 채색과 이미지 편집

브러시 도구와 연필 도구는 우리가 흔히 사용하는 붓처럼 사용할 수 있으며, 다양한 브러시 종류를 이용할 수 있습니다. 또한 그레이디언트 도구는 배경이나 오브젝트, 컬러링 등 다방면에 폭넓게 사용되는 채색 기능이고, 여러 가지 종류의 지우개 도구들은 이미지를 부분적으로 삭제할 수 있는 기능들입니다. 또한 새롭게 추가된 프레임 도구에 대해 알아보겠습니다.

Pre·view

## 학습내용

실습 01. 브러시 도구로 이미지 채색하기
실습 02. 브러시를 이용한 분필 느낌 표현하기
실습 03. 그레이디언트 도구를 사용한 채색하기
실습 04. 혼합 브러시 도구로 유화풍의 그림 그리기

실습 05. 지우개 및 색상 대체 도구를 사용한 이미지 합성하기
실습 06. 원근 자르기 도구를 사용한 이미지 편집하기
실습 07. 간편한 마스크 작업하기

▲ 완성 파일 : 섹션 03〉완성〉실습01.psd

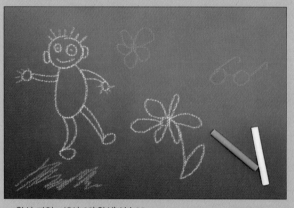

▲ 완성 파일 : 섹션 03〉완성〉실습02.psd

▲ 완성 파일 : 섹션 03〉완성〉실습03.psd

▲ 완성 파일 : 섹션 03〉완성〉실습04.psd

▲ 완성 파일 : 섹션 03>완성>실습05.psd

▲ 완성 파일 : 섹션 03>완성>실습06.psd

▲ 완성 파일 : 섹션 03>완성>실습07.psd

## ✅ 체크포인트

- 브러시 도구와 불투명도 개념을 이해하여 이미지를 채색합니다.
- 다양한 브러시 종류를 이용하여 원하는 그림을 그려봅니다.
- 그레이디언트 색상을 적용하여 이미지를 꾸며봅니다.
- 혼합 브러시 도구를 사용하여 유화느낌의 이미지를 만들어봅니다.
- 다양한 지우개 도구와 색상 대체 도구를 사용하여 이미지를 합성합니다.
- 원근 자르기 도구를 사용하여 삐뚤어진 이미지를 바르게 편집합니다.
- 프레임 도구를 사용하여 원하는 영역에 이미지를 채워봅니다.

**01** [파일]–[열기] 메뉴를 선택하여 '섹션 03〉샘플〉실습01.jpg' 파일을 불러옵니다. 그리고 도구 패널에서 브러시 도구를 선택합니다.

**강의 노트** 브러시 도구는 사용자가 임의로 여러 가지 형태의 다양한 브러시를 지정하거나 만들어 그림을 그릴 수 있으며, 원하는 영역에 채색을 할 수 있습니다.

**02** 옵션 패널에서 드롭다운 메뉴를 클릭하여 브러시의 종류와 크기를 조절하고, 불투명도 값을 조절합니다. 또한 전경색을 클릭하여 원하는 색상으로 지정합니다.

**03** 그런 다음 볼 위에 마우스를 드래그하여 채색합니다. 반복적으로 불투명도 값과 브러시의 크기를 조절해 가며 터치합니다.

**04** 나머지 부분 또한 위와 동일한 방법으로 브러시 크기와 불투명도를 조절하면서 자연스럽게 이미지를 채색합니다.

**Tip**

브러시 작업 도중 브러시의 크기를 조절하기 위해서 매번 옵션 패널의 드롭다운 메뉴를 클릭하고 크기를 변경한다면 작업의 효율성이 떨어집니다. 이때는 단축키를 활용하면 되는데 키보드의 ]키를 누르면 브러시의 크기가 확대되고, 반대로 [키를 누르면 크기가 작아집니다.

---

Power Upgrade

## 브러시 도구 옵션 패널

**1. 브러시 사전 설정 피커**
사용하는 브러시의 크기와 모양을 지정합니다.
ⓐ 크기 : 브러시의 크기를 조절합니다.
ⓑ 경도 : 브러시 경계부분의 부드럽고 거친 정도를 조절합니다.

**2. 모드**
브러시 적용 시 혼합 모드 모드를 적용할 수 있습니다.

**3. 불투명도**
브러시 적용 시 불투명도를 조절할 수 있습니다.

**4. 흐름**
브러시 크기와 압력이 적용되는 경계선의 불투명도를 나타내는 옵션으로 수치가 높을수록 완벽한 선으로 이어집니다.

**5. 대칭 그리기 옵션 설정**
새롭게 추가된 옵션으로 페인트 브러시, 혼합 브러시, 연필 및 지우개 도구를 사용하는 동안 여러 방향으로 대칭적으로 페인트할 수 있습니다.

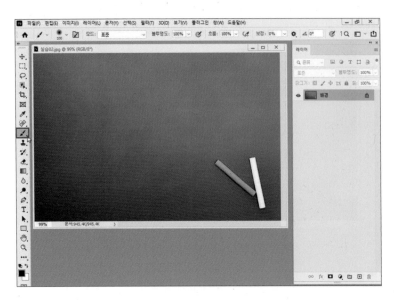

01 [파일]-[열기] 메뉴를 선택하여 '섹션 03>샘플>실습02.jpg' 파일을 불러옵니다. 그리고 도구 패널에서 브러시 도구를 선택합니다.

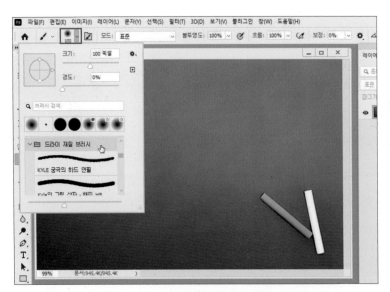

02 옵션 패널에서 드롭다운 메뉴를 클릭하고 스크롤을 하단으로 이동하여 '드라이 재질 브러시'를 선택합니다.

> **Tip**
> 기존 브러시 이외에도 팝업 메뉴를 눌러 사이트에서 여러 가지 브러시 모양을 불러와 사용할 수 있습니다.

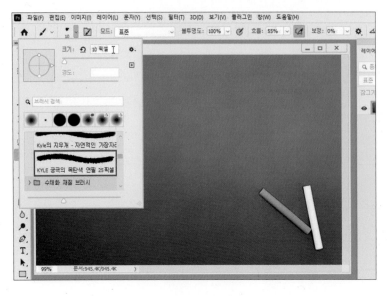

03 추가된 브러시에서 '목탄색 연필' 브러시를 지정하고 크기를 조절합니다. 또한 전경색을 원하는 색상으로 지정합니다.

**04** 그리고 레이어 패널 하단의 '새 레이어를 만듭니다.' 버튼을 클릭하여 투명 레이어를 추가한 후 이미지에 마우스를 드래그 하여 원하는 모양을 그립니다.

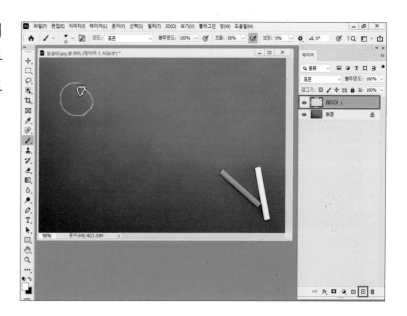

**05** 혹시 잘못 그린 부분이 있을 경우에는 도구 패널에서 지우개 도구를 선택하고 삭제하고자 하는 부분에 드래그 하여 지우고 다시 그리면 됩니다.

 지우개 도구는 마우스를 드래그 하여 이미지를 투명하게 지워주거나 배경색으로 칠해줍니다.

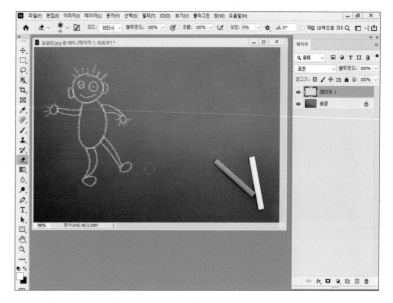

**06** 새롭게 추가된 대칭 기능을 사용해 보기 위해서 레이어 패널에서 투명 레이어를 하나 더 추가한 후 브러시 크기를 조금 축소합니다. 또한 전경색을 원하는 색으로 지정한 후 옵션 패널의 나비 모양 버튼을 클릭하여 대칭 방향을 지정합니다.

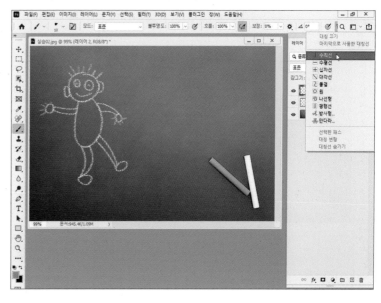

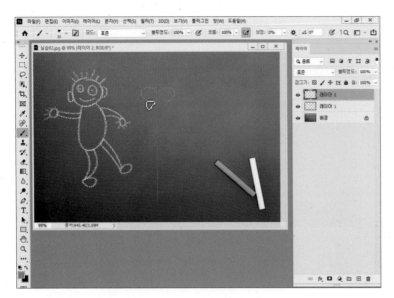

**07** 이미지 중앙에 대칭축이 나타나는데 오른쪽으로 조금 이동시켜 주고 원하는 그림을 그려봅니다.

**08** 대칭축을 기준으로 반대편에도 똑같은 모양이 그려지는 것을 볼 수 있습니다.

**09** Ctrl + Z 를 눌러 명령을 취소하고 계속하여 레이어를 생성해 가며 다양한 모양으로 그림을 그려봅니다.

**Tip**

기존에 명령을 취소하고자 할 때 사용하였던 Ctrl + Alt 키가 Ctrl + Z 만을 눌러도 여러 단계 실행 취소가 가능하도록 바뀌었습니다.

01 [파일]-[열기] 메뉴를 선택하여 '섹션 03〉샘플〉실습03.jpg' 파일을 불러옵니다. 배경과 고글의 색상을 변경해 보겠습니다.

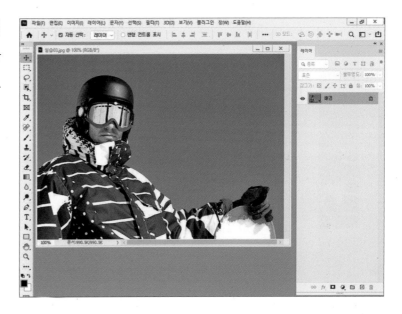

02 먼저 배경을 선택하기 위해서 도구 패널에서 자동 선택 도구를 선택하고, 옵션 패널에서 허용치 값을 조절한 후 배경을 클릭하여 선택합니다.

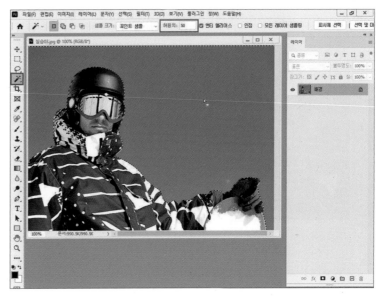

03 다시 도구 패널에서 그레이디언트 도구를 선택하고 옵션 패널에서 드롭다운 메뉴를 클릭하여 그레이디언트 편집기 대화상자를 불러옵니다.

 강의 노트 그레이디언트 도구는 두 가지 이상의 색상과 색상 사이에 변해가는 색상을 뚜렷한 경계 없이 부드럽게 채워주어 여러 가지 색상으로 이미지에 채색할 수 있는 기능입니다.

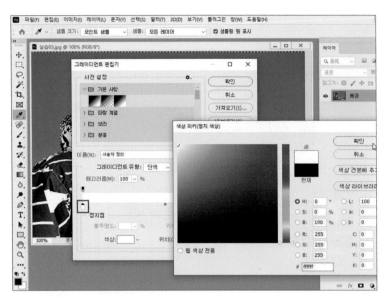

**04** 사전 설정 항목에서 '전경색에서 배경색으로' 색상을 클릭한 후 하단의 색상 바에서 색상 정지점 버튼을 더블클릭하여 원하는 색상을 지정합니다.

**05** 위와 동일한 방법으로 오른쪽 색상 또한 더블클릭하여 색상을 지정한 후 확인 버튼을 누릅니다. 그리고 옵션 패널에서 '방사형 그레이디언트'를 선택한 후 마우스를 드래그 하여 색상을 채워 넣습니다.

**강의
노트** 그레이디언트 색상을 적용할 때 마우스로 클릭한 시작점이 색상 슬라이더 왼쪽의 색상이 되고, 끝점이 색상 슬라이더 오른쪽 색상이 연결되어 적용됩니다. 드래그 한 거리와 각도에 따라 다양한 형태로 적용되므로 반복 적용해 보아야합니다.

**06** 이번에는 고글에 색상을 채워 넣기 위해서 도구 패널에서 자석 올가미 도구를 선택하고 빈도 수 값을 설정합니다.

**07** 돋보기 도구를 사용하여 선택하고자 하는 부분을 크게 확대한 후 이미지 외곽을 따라 마우스를 움직여 선택합니다.

**08** 좀 더 정확하게 선택하고자 할 경우에는 올가미 도구를 선택하고 Shift 키를 누른 채 드래그 하여 선택 영역을 추가하거나 Alt 키를 사용하여 영역을 제외시켜 선택 영역을 수정합니다.

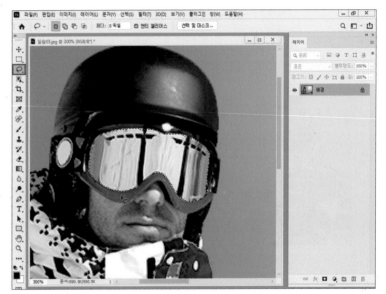

**09** 레이어 패널에서 '새 레이어를 만듭니다.' 버튼을 클릭하여 투명 레이어를 추가하고, 도구 패널에서 그레이디언트 도구를 선택합니다.

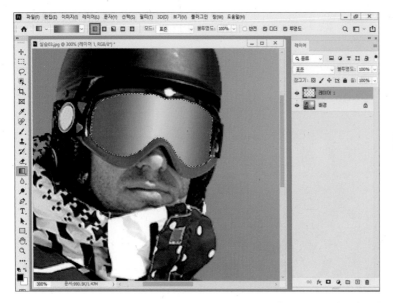

**10** 그런 다음 그레이디언트 대화상자를 불러와 원하는 색상을 만든 후 '선형 그레이디언트'를 선택한 후 마우스를 드래그하여 색상을 채워 넣습니다.

> **강의노트** 그레이디언트 색상을 여러 가지 색으로 만들어 사용하고자 하는 경우에는 슬라이드를 더블클릭하여 색상을 지정하고 슬라이드를 추가 또는 삭제하여 원하는 색상을 만들어 사용할 수 있습니다.

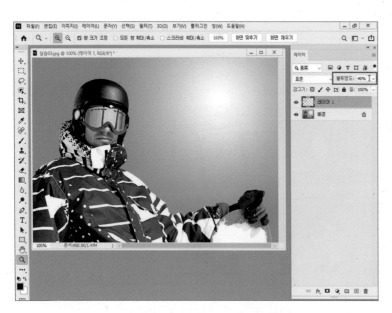

**11** Ctrl + D 를 눌러 선택 영역을 해제하고, 레이어 패널 상단의 불투명도 값을 조절하여 투명하게 처리해 줍니다.

> **강의노트** 불투명도는 이미지의 투명도를 조절할 수 있는 기능으로 수치가 낮아질수록 투명해지므로 바로 아래 레이어의 이미지와 합성하듯이 자연스럽게 표현 할 수 있습니다.

## Power Upgrade

## 그레이디언트 도구 옵션 패널

1. **클릭하여 그레이디언트 편집**
   미리보기 창을 클릭하게 되면 그레이디언트 편집창이 나타납니다.

ⓐ 사전 설정 : 포토샵에서 제공하는 그레이디언트 색상모음으로 선택할 수 있으며, 원하는 그레이디언트를 선택하여 수정할 수도 있습니다.

ⓑ 이름 : 현재 선택된 그레이디언트의 이름을 나타내는 부분으로 직접 입력하여 변경할 수도 있습니다.

ⓒ 그레이디언트 유형 : 그레이디언트의 색상 단계를 표현하는 방식으로 단색으로 표현하는 단색과 라인 효과를 적용 한 듯한 색상을 표현하는 노이즈 방식이 있습니다.

ⓓ 매끄러움 : 그레이디언트가 변화하는 부드러운 정도를 조절합니다. 수치가 높을수록 부드럽게 표현됩니다.

ⓔ 색상 슬라이더 : 현재 선택된 그레이디언트의 색상정보를 보여줍니다.

ⓕ 불투명도 정지점 : 색상 슬라이더 바 상단의 버튼으로 그레이디언트에 적용하는 색상의 불투명도를 조절합니다.

ⓖ 색상 정지점 : 색상 슬라이더 바 하단의 버튼으로 그레이디언트에 적용히는 색상을 지정합니다.

ⓗ 정지점 : 불투명도 및 색상 등을 조절합니다.

2. **그레이디언트**

그레이디언트가 적용되는 모양을 지정합니다.

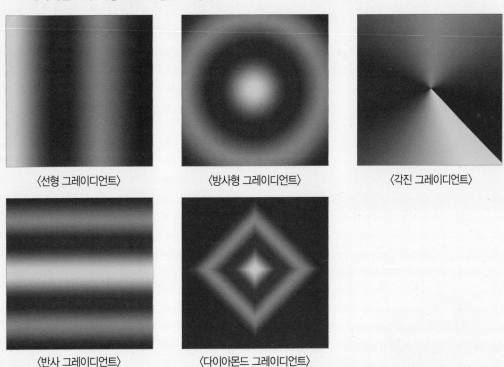

〈선형 그레이디언트〉　　〈방사형 그레이디언트〉　　〈각진 그레이디언트〉

〈반사 그레이디언트〉　　〈다이아몬드 그레이디언트〉

3. **반전**

이 항목을 체크하게 되면 그레이디언트의 시작점과 끝점의 색상을 반대로 나타냅니다.

4. **디더**

색상이 이어지는 부분의 그레이디언트 색상을 부드럽게 처리합니다.

5. **투명도**

투명 그레이디언트를 적용할 수 있습니다. 투명 그레이디언트를 사용할 경우에는 반드시 체크해주어야 합니다.

01 [파일]-[열기] 메뉴를 선택하여 '섹션 03〉샘플〉실습04.jpg' 파일을 불러옵니다. 혼합 브러시 도구를 선택하고 옵션 패널의 드롭다운 메뉴를 클릭하여 수채화 재질 브러시 중 사실적인 유화 붓을 선택하고, 브러시 크기를 조절합니다.

강의 노트 혼합 브러시 도구는 브러시를 이용하여 색상을 혼합하여 채색할 수 있습니다. 수채 색연필로 수채화를 그리듯이 사진을 유화풍의 그림으로 손쉽게 그리게 해줍니다.

02 또한 스타일 목록에서 '매우 축축함, 두껍게 혼합' 스타일을 선택하고 꽃잎에 대고 마우스를 드래그하면 수채화 느낌의 이미지가 표현됩니다.

03 브러시의 크기와 종류를 조절해 가면서 이미지를 유화느낌으로 표현해 봅니다.

Power Upgrade

# 혼합 브러시 도구 옵션 패널

1. **브러시**
   사용하고자 하는 브러시의 종류와 크기를 지정합니다.

2. **각 획 처리 후 브러시를 불러옵니다.**
   색을 혼합하며 채색합니다.

3. **각 획 처리 후 브러시를 정리합니다.**
   추출된 색상을 깨끗이 씻습니다.

4. **유용한 혼합 브러시 혼합**
   브러시의 모양과 색상, 혼합 양과 농도를 지정합니다.

5. **축축함**
   물과의 혼합 양을 조절합니다.

6. **불러오기**
   브러시 끝의 강도를 조절합니다.

7. **혼합**
   색상의 혼합 양을 조절합니다.

8. **흐름**
   경계선의 불투명도를 나타냅니다.

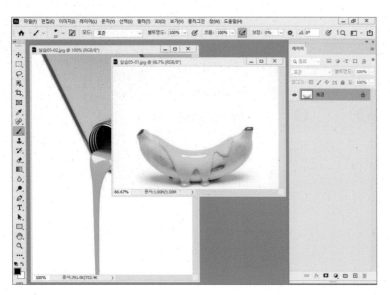

**01** [파일]-[열기] 메뉴를 선택하여 '섹션 03〉샘플〉실습05-01.jpg, 실습05-02.jpg' 두 파일을 불러옵니다.

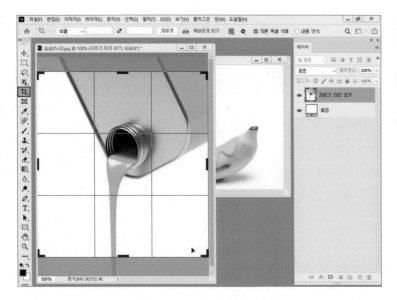

**02** 도구 패널에서 자르기 도구를 선택하고 조절 박스의 크기를 조절한 후 Enter 키를 누릅니다.

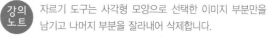

**강의 노트** 자르기 도구는 사각형 모양으로 선택한 이미지 부분만을 남기고 나머지 부분을 잘라내어 삭제합니다.

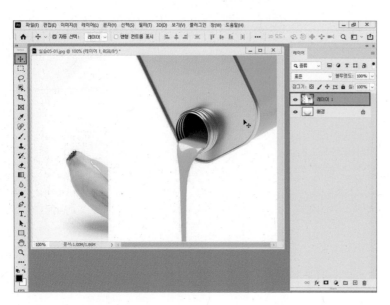

**03** 다시 이동 도구를 선택하고 바나나 이미지로 드래그 하여 이동시킵니다. 레이어 패널에 새로운 레이어가 추가된 것을 볼 수 있습니다.

도구 패널에서 자동 지우개 도구를 선택하고 옵션 패널에서 허용치 값을 조절합니다. 그런 다음 배경의 흰색 부분을 클릭하여 삭제합니다.

**강의 노트** 자동 지우개 도구는 자동 선택 도구처럼 옵션 패널의 허용치 설정 값에 따라 유사한 색상을 선택하여 한꺼번에 지워 줍니다.

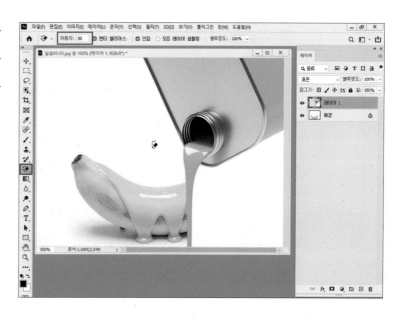

 계속하여 반대편 배경 또한 삭제한 후 배경 이미지와 어울리도록 위치를 이동시켜줍니다. 그리고 지우개 도구를 선택하여 브러시의 종류와 크기를 조절하고 페인트 하단 부분을 드래그 하여 삭제합니다.

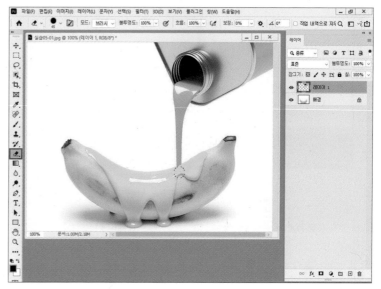

06 다시 도구 패널에서 색상 대체 도구를 선택하고 옵션 패널에서 브러시의 크기를 조절합니다.

**강의 노트** 색상 대체 도구는 이미지의 배경색만 바꾸거나 질감이나 음영을 그대로 유지한 상태로 이미지 특정 부분의 색상을 쉽게 바꿀 수 있습니다.

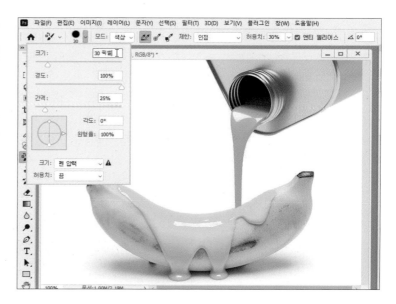

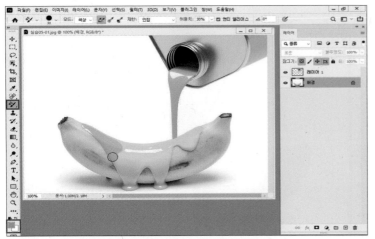

**07** 전경색 버튼을 클릭하여 컬러 피커 대화상자를 열고, 대체할 녹색 색상을 지정합니다. 그런 다음 레이어 패널에서 배경 바나나 이미지를 선택하고 상단 부분을 드래그하면 지정된 녹색 계열로 색상이 바뀌게 됩니다.

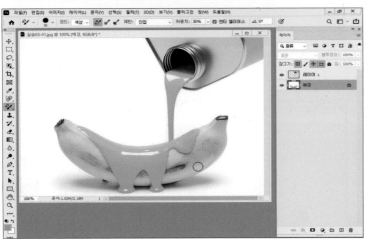

**08** 세밀한 작업은 이미지를 확대하여 브러시의 크기를 조절해 가면서 색상을 대체시킵니다. 색상 대체 도구는 처음 클릭한 곳의 색상 수치와 근접한 색상 영역이 전경색 색상으로 대체됩니다.

---

**Power Upgrade**

# 색상 대체 도구 옵션 패널

1. **브러시 사전 설정 피키**
   브러시의 크기와 모양을 결정합니다.

2. **모드**
   이미지에 적용하는 색상 교체 방식을 지정합니다.
   ⓐ 색조 : 이미지의 채도와 명도 값에 현재 지정된 전경색의 색상 값을 적용합니다.
   ⓑ 채도 : 이미지의 명도 값에 현재 지정된 전경색의 색상과 채도 값을 적용합니다.
   ⓒ 색상 : 이미지의 명도 값에 현재 지정된 전경색의 색상 값을 적용합니다.
   ⓓ 광도 : 이미지의 색상과 채도 값에 현재 지정된 명도 값을 적용합니다.

3. **샘플링**
   이미지의 색상을 적용할 샘플 색상을 지정합니다.

ⓐ 계속 : 연속적으로 전체 이미지에 전경색을 적용합니다.
ⓑ 한 번 : 처음 클릭한 색상에만 전경색을 적용합니다.
ⓒ 배경 색상 견본 : 컬러 피커에서 배경색으로 지정한 부분만을 전경색으로 적용합니다.

4. **제한**
   이미지 색상 적용 범위를 자유롭게 결정합니다.
   ⓐ 인접하지 않음 : 처음 클릭한 샘플 색상의 이미지뿐만 아니라 인접한 색상까지 전경색을 적용합니다.
   ⓑ 인접 : 처음 클릭한 샘플 색상의 이미지만 전경색을 적용합니다.
   ⓒ 가장자리 찾기 : 샘플 색상의 경계 부분을 구별하여 전경색을 적용합니다.

5. **허용치**
   전경색이 적용될 때의 적용 허용 범위를 조절합니다.

01 [파일]-[열기] 메뉴를 선택하여 '섹션 03〉샘플〉실습06.jpg 파일을 불러옵니다.

02 도구 패널에서 원근 자르기 도구를 선택하고 마우스로 드래그 하여 남겨질 부분을 선택합니다.

강의노트 원근 자르기 도구는 기울어진 이미지를 수평 및 수직을 바로잡아 왜곡된 이미지를 바로 잡거나 일반 이미지를 왜곡시켜 표현 할 수 있는 도구입니다.

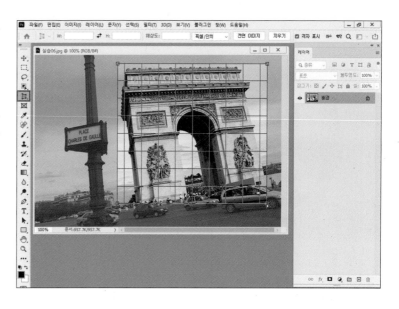

03 삐뚤어진 이미지를 바로 세울 수 있게 선택된 영역의 포인트를 자유롭게 이동시켜준 뒤 Enter 키를 누릅니다.

01 [파일]-[열기] 메뉴를 선택하여 '섹션 03〉샘플〉실습07-01.jpg 파일을 불러옵니다.

02 도구 패널에서 프레임 도구를 선택하고 옵션 패널에서 원형 프레임을 선택합니다. 그런 다음 이미지에 드래그 하여 프레임을 그려줍니다.

강의 노트 CC 2019 버전에서 새롭게 추가된 프레임 도구는 이미지를 쉽게 마스킹할 수 있습니다. 또한 모양이나 텍스트를 자리 표시자로 사용할 수 있는 프레임으로 변환하고 이미지를 채울 수도 있습니다.

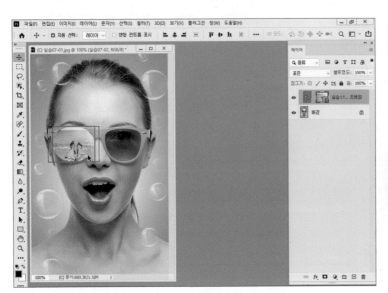

03 프레임을 선택하고 [파일]-[연결 가져오기] 메뉴를 실행하여 '섹션 03〉샘플〉실습07-02.jpg 이미지를 선택하면 프레임 영역 안에만 이미지가 보입니다.

Tip
[파일] 메뉴의 연결 가져오기 또는 포함 가져오기 기능을 사용하여 이미지를 불러올 수도 있지만 라이브러리 패널에 저장된 이미지를 끌어올 수도 있습니다.

**04** 레이어 패널에서 프레임 축소판을 선택하거나 내용 축소판을 선택하여 각각 크기를 조절하거나 [ Alt ] 키를 누른 채 드래그 하여 반대편에도 복사합니다.

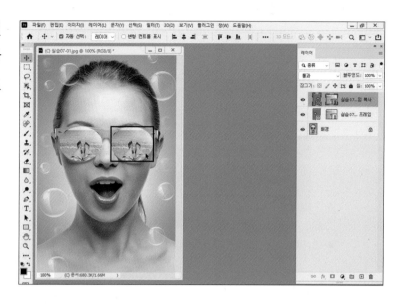

## 원근 자르기 도구 옵션 패널

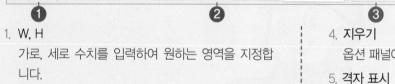

1. **W, H**
   가로, 세로 수치를 입력하여 원하는 영역을 지정합니다.

2. **해상도**
   이미지의 해상도를 지정합니다.

3. **전면 이미지**
   현재 사용 중인 이미지의 전체 크기와 해상도를 옵션 패널에 표시합니다.

4. **지우기**
   옵션 패널에서 입력한 모든 값을 삭제합니다.

5. **격자 표시**
   격자무늬를 보여주거나 가려줍니다.

## 프레임 도구 옵션 패널

1. 프레임의 모양을 지정하여 만들 수 있습니다.

## 레이어 패널의 프레임 레이어

1. 프레임 축소판
2. 내용 축소판
3. 프레임 레이어

## 1

새로운 이미지 창을 만들어 연필 도구로 버튼을 직접 그려보세요.

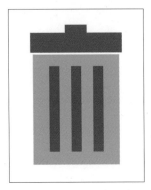

힌트 • [파일]-[새로 만들기] 이미지 창 생성, 연필 도구 사용

▲ 완성파일 : 섹션 03〉완성〉기초01.psd

## 2

준비된 파일을 불러와 원하는 색상을 채워보세요.

힌트 • 레이어 패널 활용과 페인트 통 도구를
사용한 채색

▲ 준비파일 : 섹션 02〉샘플〉기초02.jpg    ▲ 완성파일 : 섹션 03〉완성〉기초02.psd

## 3

제공된 이미지에 미술 작업 내역 브러시 도구를 사용하여 수채화 느낌으로 표현해 보세요.

 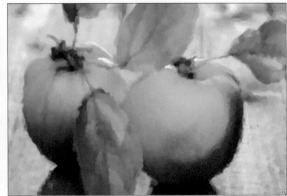

▲ 준비파일 : 섹션 03〉샘플〉기초03.jpg    ▲ 완성파일 : 섹션 03〉완성〉기초03.psd

힌트 • 미술 작업 내역 브러시 도구 사용

## 심화문제

1) 이미지를 불러온 후 완성파일처럼 꾸며보세요.

힌트 • 배경 레이어 복사 후 다각형 올가미 도구로 연필 선택, [선택]−[반전] 적용 후 배경 삭제, 브러시 도구를 사용하여 잎사귀 표현

▲ 준비파일 : 섹션 03〉샘플〉심화01.jpg    ▲ 완성파일 : 섹션 03〉완성〉심화01.psd

2) 준비된 두 이미지를 불러온 후 자연스럽게 합성해 보세요.

▲ 준비파일 : 섹션 03〉샘플〉심화02−01.jpg, 심화02−02.jpg    ▲ 완성파일 : 섹션 03〉완성〉심화02.psd

힌트 • 이동 도구로 이미지 이동 후 자동 지우개 도구로 배경 삭제, [편집]−[자유 변형]을 사용한 크기 조절과 회전, 브러시 도구를 사용한 텍스트 입력

3) 준비된 파일을 불러온 후 완성파일처럼 이미지를 꾸며보세요.

▲ 준비파일 : 섹션 02〉샘플〉심화03.jpg    ▲ 완성파일 : 섹션 02〉완성〉심화03.psd

힌트 • 레이어 생성 후 그레이디언트 도구로 채색, 지우개 도구로 이미지 꾸미기

# 04 이미지 리터칭 기술 익히기

포토샵 이미지의 복제와 복원 기능의 강력함은 포토샵이 사랑받는 가장 큰 이유라고 할 수 있습니다. 색상을 변경하고, 이미지를 편집하는 도구 기능들과는 달리 원본 이미지의 질감을 그대로 살려가며 이미지를 복제, 복원하는 강력한 기능을 제공합니다.

**Preview**

## ▪▪ 학습내용

실습 01. 복제 도장 도구를 사용한 이미지 복제하기
실습 02. 복구 브러시 도구로 주근깨 없애기

실습 03. 내용 인식 이동 도구를 사용한 이미지 복제하기
실습 04. 효과 도구들을 사용한 이미지 보정하기

▲ 완성파일 : 섹션 04〉완성〉실습01.psd

▲ 완성파일 : 섹션 04〉완성〉실습02.psd

▲ 완성파일 : 섹션 04〉완성〉실습03.psd

▲ 완성파일 : 섹션 04〉완성〉실습04.psd

## ✓ 체크포인트

- 복제 도장 도구를 사용하여 이미지를 복제합니다.
- 복구 브러시 도구로 이미지를 깨끗하게 보정합니다.
- 내용 인식 이동 도구를 사용하여 이미지를 복제합니다.
- 여러 가지 효과 도구들을 사용하여 이미지를 강조해 봅니다.

**01** [파일]-[열기] 메뉴를 선택하여 '섹션 04〉샘플〉실습01.jpg' 파일을 불러옵니다. 도구 패널에서 복제 도장 도구를 선택하고 옵션 패널에서 브러시의 종류와 크기를 조절합니다.

**강의노트** 복제 도장 도구는 이미지의 특정 부분을 다른 이미지의 부분 또는 전체에 복제하는 도구로 Alt 키를 누른 상태에서 클릭하여 복제 기준점을 설정하고 원하는 위치에 드래그하면 기준점의 이미지가 복제됩니다.

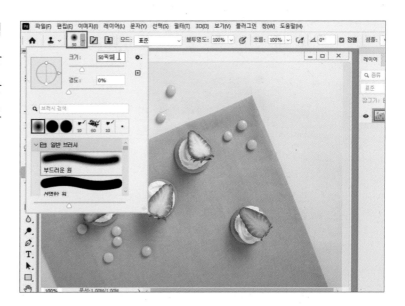

**02** Alt 키를 누른 상태로 딸기 부분을 클릭합니다. 그러면 마우스 포인터의 형태가 십자 형태로 변경되면서 복제될 소스 영역이 설정됩니다.

**03** 이미지 배경에 마우스를 드래그하면 딸기 이미지가 복제되는 것을 볼 수 있습니다. 위와 동일한 방법으로 여러 번 반복하여 이미지를 복제해 봅니다.

# 복제 도장 도구 옵션 패널

## 1. 브러시
사용하는 브러시의 크기와 모양을 지정합니다.

## 2. 모드
도장 툴 적용 시 혼합 모드를 적용할 수 있습니다.

## 3. 불투명도
도장 도구 적용 시 불투명도를 조절할 수 있습니다.

## 4. 흐름
브러시 크기와 압력이 적용되는 경계선의 불투명도를 나타내는 옵션으로 수치가 높을수록 완벽한 선으로 이어진 효과를 적용할 수 있습니다.

## 5. 에어브러시 스타일 강화 효과 사용 가능
이 항목을 체크하면 에어브러시가 활성화됩니다. 에어브러시는 마우스 왼쪽 버튼을 누르고 있는 정도에 따라 채색의 양이 결정됩니다. 즉, 계속 누르고 있으면 덧칠이 됩니다.

## 6. 샘플
이 항목을 체크하였을 경우에는 입력된 부분부터 복제되는 위치까지 거리를 기억하여 마우스의 이동에 따라 변하게 되며, 체크하지 않았을 경우에는 초기 입력 위치만을 기억하여 다시 입력할 때 초기입력 부분이 복제됩니다.

ⓐ 현재 레이어 : 현재 작업 레이어에서 이미지를 복제합니다.

ⓑ 현재 이하 : 작업 레이어와 밑에 있는 레이어에서 이미지를 복제합니다.

ⓒ 모든 레이어 : 전체 레이어에서 이미지를 복제합니다.

## 7. 보정 레이어로 적용된 색상 보정 명령을 포함해서 복원시킬 것인지, 원본 상태 그대로 소스로 활용할 것인지를 설정합니다.

## 8. 타블렛 사용 시 펜의 강도에 따라 복원 영역을 지정할 수 있습니다.

01 [파일]-[열기] 메뉴를 선택하여 '섹션 04〉샘플〉실습02.jpg' 파일을 불러옵니다. 먼저 돋보기 도구로 얼굴 부분을 확대합니다.

**TIP**

화면을 확대할 때는 돋보기 도구를 사용하는 것보다는 단축키를 이용하면 더욱 효과적입니다. Ctrl + + 키를 누르면 화면이 확대되고, Ctrl + - 키를 누르면 화면이 축소됩니다.

02 도구 패널에서 복구 브러시 도구를 선택하고 옵션 패널에서 브러시 드롭다운 메뉴를 클릭하여 브러시의 종류와 크기를 조절합니다.

**강의노트** 복구 브러시 도구는 이미지를 다른 이미지로 복제할 때 그림자, 빛, 텍스추어 등의 속성을 그대로 보존하면서 먼지, 흠, 주름과 같은 것들을 효율적으로 제거합니다.

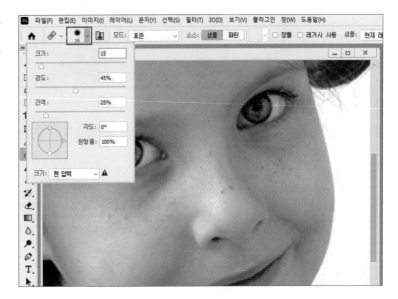

03 주근깨 부분을 제거하기 위해 Alt 키를 누른 상태에서 주근깨가 없는 부분을 클릭합니다. 이때 클릭한 부분은 복원시키는 소스 이미지로 설정되는 것입니다.

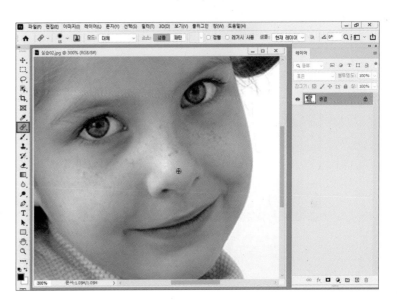

**04** 없애고자 하는 부분에 드래그하면 주근깨가 있던 부분과 그렇지 않은 부분의 색상이 혼합되면서 자연스럽게 주근깨가 제거됩니다.

**05** 키보드의 Space Bar 를 눌러 화면을 이동해가면서 위와 동일한 방법으로 브러시의 크기를 조절해 가면서 세밀하게 작업하여 완성합니다.

**TIP**

작업 도중 화면을 빠르게 이동하려면 키보드의 Space Bar 를 누른 채 마우스를 이미지에 클릭 드래그 하면 됩니다.

**Power Upgrade**

# 복구 브러시 도구 옵션 패널

## 1. 브러시

사용할 브러시의 크기와 모양을 결정합니다.

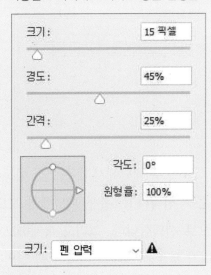

ⓐ 크기 : 브러시의 크기를 조절합니다.

ⓑ 경도 : 브러시의 부드럽고 거친 정도를 조절합니다.

ⓒ 간격 : 선택된 브러시의 기본 단위인 원들이 연결되는 간격을 조절합니다. 수키가 클수록 원과 원 사이의 간격이 멀어집니다.

ⓓ 각도 : 브러시 형태의 각도를 조절합니다.

ⓔ 원형율 : 브러시의 완만한 곡면도를 조절합니다.

ⓕ 크기 : 타블렛을 사용할 경우 압력 감지 부분에 대한 옵션입니다.

## 2. 모드

브러시 적용 시에 다양한 혼합 모드를 적용할 수 있습니다.

## 3. 소스

ⓐ 샘플 : 마우스로 지정한 지점의 이미지를 샘플로 추출하여 이미지를 리터칭 합니다.

ⓑ 패턴 : 패턴으로 등록된 이미지 샘플을 선택하여 리터칭 합니다.

## 4. 샘플

복사 대상이 이미지 샘플인 경우 기준점과 처음 클릭하여 드래그 한 간격을 유지하면서 대상을 복사하게 됩니다.

## 5. 보정 레이어로 적용된 색상 보정 명령을 포함해서 복원시킬 것인지, 원본 상태 그대로 소스로 활용할 것인지를 설정합니다.

## 6. 타블렛 사용 시 펜의 강도에 따라 복원 영역을 지정할 수 있습니다.

## 7. 확산

붙여 넣은 영역이 둘러싸는 이미지에 적용되는 방식을 제어하는 기능으로 낮은 슬라이더 값은 그레인 또는 미세 세부 사항이 있는 이미지에 적합한 반면, 높은 값은 매끄러운 이미지에 적합합니다.

**01** [파일]-[열기] 메뉴를 선택하여 '섹션 04〉샘플〉실습03.jpg' 파일을 불러옵니다.

**02** 도구 패널에서 내용 인식 이동 도구를 선택하고, 옵션 패널에서 모드를 '확장'으로 선택합니다. 그리고 복제하고자 하는 이미지 부분을 드래그 하여 선택 영역을 설정합니다.

> **강의 노트** 내용 인식 이동 도구는 이미지에서 특정 부분의 크기 변화가 일어나지 않도록 보호하면서 선택된 영역만 자연스럽게 이동시킬 수 있는 도구입니다.

> **Tip** 선택된 영역을 수정하고자 할 경우에는 **Shift** 키를 누른 채 드래그 하여 영역을 추가하거나 **Alt** 키를 누른 채 드래그 하여 선택 영역을 제외시키면 됩니다.

**03** 선택된 영역을 마우스로 드래그 하여 빈 공간에 이동시키면 이미지가 복제되는 것을 볼 수 있습니다.

> **Tip** 옵션 패널의 모드에서 '이동'을 지정하면 선택된 이미지 부분이 이동되고 '확장'을 지정하게 되면 복제되는 기능입니다.

[04] 이미지 이동 후 앞서 학습하였던 복제 도장 도구나 복구 브러시 도구 등을 이용하여 주위를 정리하고, 한 번 더 복제해 봅니다.

# 내용 인식 이동 도구 옵션 패널

## 1. 모드
ⓐ 이동 : 선택된 영역을 이동시킵니다.
ⓑ 확장 : 선택된 영역을 복사하여 이동시킵니다.

## 2. 구조
1과 7 사이의 값을 입력하여 패치가 기존 이미지 패턴을 얼마나 밀접하게 반영해야 하는지 지정합니다. 7을 입력하면 패치는 기존 이미지 패턴을 가장 강력하게 따릅니다.

## 3. 색상
0과 10 사이의 값을 입력하여 색상 혼합을 패치에 적용해야 하는 정도를 지정합니다. 0을 입력하면, 색상 혼합이 무시됩니다. 색상 값 10을 지정하면 최대 색상 혼합이 적용됩니다.

## 4. 놓을 때 변형
이 옵션을 활성화하면 새 위치로 이동시킨 이미지 부분의 비율을 조정할 수 있습니다. 이미지의 이동된 부분에 대한 크기 핸들을 간단하게 조정하면 됩니다.

# 따라하기 04 효과 도구들을 사용한 이미지 보정하기

**01** [파일]-[열기] 메뉴를 선택하여 '섹션 04〉샘플〉실습04.jpg' 파일을 불러옵니다.

**02** 먼저 배경의 채도를 낮추기 위해서 도구 패널에서 스폰지 도구를 선택하고 옵션 패널에서 브러시의 종류와 크기를 조절합니다. 또한 모드를 '채도 감소'로 지정합니다.

**강의노트** 스폰지 도구는 이미지의 채도를 조절하여 맑거나 탁하게 만듭니다.

**03** 우산 부분을 제외한 배경부분에 마우스를 반복적으로 문지르듯 드래그 하여 채도를 낮춰줍니다.

**04** 다시 도구 패널에서 흐림 효과 도구를 선택하고 옵션 패널에서 브러시의 종류와 크기를 조절한 후 배경에 문지르듯 드래그 합니다. 그 결과 배경 이미지가 뭉개져 보입니다.

**강의 노트** 흐림 효과 도구는 이미지를 뿌옇게 하여 흐린 효과를 적용합니다.

**05** 마우스를 반복적으로 드래그 하여 노란 우산 부분이 좀 더 선명하고 강조되어 보이도록 이미지를 보정합니다.

## 흐림 효과 도구 옵션 패널

1. 강도

흐림 효과 도구의 문지르는 압력의 세기를 조절합니다. 수치가 클수록 한꺼번에 흐려지는 정도가 많습니다.

## 선명 효과 도구 옵션 패널

1. 강도

선명 효과 도구의 문지르는 압력의 세기를 조절합니다. 수치가 클수록 한꺼번에 색상의 대비차가 많아집니다.

2. 세부 사항 보호

원본 이미지의 픽셀이 훼손되지 않도록 보호합니다.

## 손가락 도구 옵션 패널

1. 손가락 페인팅

마우스로 클릭할 때 현재 지정된 전경색을 혼합하여 드래그하게 됩니다.

## 닷지 도구 옵션 패널

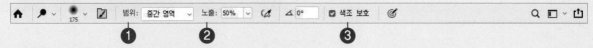

1. 범위

효과가 적용되는 범위를 설정합니다. 어두운 영역은 가장 어두운 톤, 중간 영역은 중간 톤, 밝은 영역은 가장 밝은 톤에 적용하게 됩니다.

2. 노출

브러시로 문지르는 압력의 세기를 조절합니다. 수치가 클수록 효과가 많이 적용됩니다.

3. 색조 보호

이 항목은 이미지의 밝기를 조절할 때 원본 이미지의 색상을 기준으로 그 색상보다 밝게 보정합니다. 즉, 원본 이미지 톤을 보호한 채 색상의 밝기를 조절합니다.

# 번 도구 옵션 패널

1. **범위**

   효과가 적용되는 범위를 지정합니다. 어두운 영역은 가장 어두운 톤, 중간 영역은 중간 톤, 밝은 영역은 가장 밝은 톤에 적용하게 됩니다.

2. **노출**

   브러시로 문지르는 압력의 세기를 조절합니다. 수치가 클수록 효과가 많이 적용됩니다.

3. **색조 보호**

   이미지의 밝기를 조절할 때 원본 이미지의 색상을 기준으로 그 색상보다 어둡게 보정됩니다. 즉, 원본 이미지 톤을 보호한 채 색상의 밝기를 조절합니다.

# 스폰지 도구 옵션 패널

1. **모드**

   ⓐ 채도 감소 : 이미지의 채도를 낮춥니다.
   ⓑ 채도 증가 : 이미지의 채도를 높입니다.

2. **흐름**

   브러시로 드래그 하여 문지르는 압력의 세기를 조절합니다.

3. **활기**

   이미지의 채도를 조절할 때 원본 이미지의 색상을 기준으로 맑거나 탁하게 보정합니다. 즉, 원본 이미지 톤을 보호한 채 색상의 채도 값을 조절합니다.

### 1

준비파일을 불러온 후 복제 도구를 사용하여 주름을 없애보세요.

힌트 • 돋보기 도구, 복구 브러시 도구

▲ 준비파일 : 섹션 04〉샘플〉기초01.jpg     ▲ 완성파일 : 섹션 04〉완성〉기초01.psd

### 2

준비파일을 불러온 후 밝거나 어둡게 이미지를 보정시켜 보세요.

힌트 • 닷지 도구, 번 도구

▲ 준비파일 : 섹션 04〉샘플〉기초02.jpg     ▲ 완성파일 : 섹션 04〉완성〉기초02.psd

### 3

두 개의 파일을 불러온 후 선택 도구를 사용하여 이미지를 합성해 보세요.

▲ 준비파일 : 섹션 04〉샘플〉기초03.jpg     ▲ 완성파일 : 섹션 04〉완성〉기초03.psd

힌트 • 손가락 도구

심화문제

① 준비된 파일을 불러온 후 완성파일처럼 치아를 복제해 보세요.

▲ 준비파일 : 섹션 04〉샘플〉심화01.jpg

▲ 완성파일 : 섹션 04〉완성〉심화01.psd

힌트 • 복제 도장 도구

② 준비파일을 완성파일처럼 밝게 보정시켜 보세요.

▲ 준비파일 : 섹션 04〉샘플〉심화02.jpg

▲ 섹션 04〉완성〉심화02.psd

힌트 • 닷지 도구

③ 준비된 파일들을 불러온 후 완성파일처럼 이미지를 합성해 보세요.

▲ 준비파일 : 섹션 04〉샘플〉심화03-01.jpg, 심화03-02.psd

▲ 완성파일 : 섹션 04〉완성〉심화03.psd

힌트 • 내용 인식 이동 도구로 이미지 복사, 하트 이미지 이동 후 지우개 도구로 배경 삭제, [편집]-[자유 변형]을 사용한 크기 축소
와 회전

# 05 패스와 도형 활용하기

펜 도구의 가장 큰 장점은 사용자가 직선과 곡선을 자유롭게 사용하여 복잡한 형태의 선택 영역을 쉽게 만들 수 있으며, 작업된 패스는 패스 패널에 저장하여 언제든지 재사용할 수 있다는 것입니다. 펜 도구를 능숙하게 다루기 위해서는 형태 제작을 위한 펜 도구 사용법을 꾸준히 연습해야 합니다. 도형 도구는 다양한 형태의 도형을 만드는데 있어서 매우 편리한 옵션 기능을 제공합니다. 도형은 모양 레이어가 생성되므로 언제든지 수정, 편집이 가능하며, 벡터 방식이기 때문에 확대, 축소에도 손상 없이 사용할 수 있습니다.

## ▪▪ 학습내용

실습 01. 펜 도구 사용법 익히기
실습 02. 펜 도구를 이용한 이미지 선택하기
실습 03. 패스를 활용한 선 그리기

실습 04. 도형 도구 사용하기
실습 05. 도형 도구를 활용한 이미지 꾸미기

▲ 완성 파일 : 섹션 05〉완성〉실습02.psd

▲ 완성 파일 : 섹션 05〉완성〉실습03.psd

▲ 완성 파일 : 섹션 05〉완성〉실습01.psd

▲ 완성 파일 : 섹션 05〉완성〉실습04.psd

▲ 완성 파일 : 섹션 05〉완성〉실습05.psd

## ✔ 체크포인트

- 펜 도구를 사용하여 직선과 곡선을 그려봅니다.
- 펜 도구를 사용하여 이미지를 선택해 봅니다.
- 펜 도구로 패스를 그린 후 선색을 적용하여 활용합니다.
- 여러 가지 도형 도구 사용법을 익힙니다.
- 여러 가지 도형 도구를 사용하여 이미지를 꾸며봅니다.

01 [파일]-[새로 만들기] 메뉴를 선택하여 새로운 이미지 창을 만듭니다.

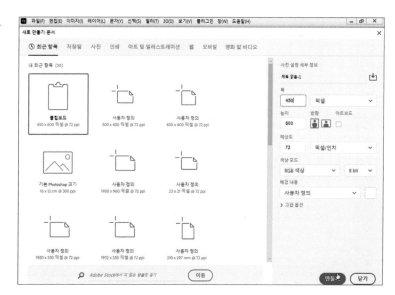

02 도구 패널에서 펜 도구를 선택하고 옵션 패널에서 패스 항목을 선택합니다. 그리고 [창] 메뉴에서 패스를 선택하여 패스 패널을 불러옵니다.

강의노트 펜 도구는 곡선과 직선으로 이루어진 이미지의 외곽을 패스화 시킬 수 있습니다. 패스 영역은 언제든지 픽셀 영역이나 선택 영역으로 전환하여 사용 가능합니다.

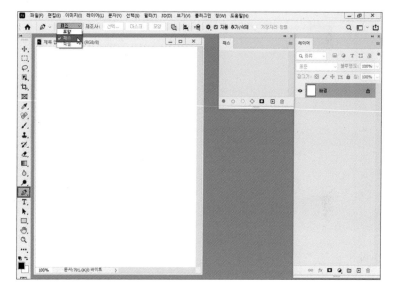

03 먼저 직선 패스를 만들기 위해서 마우스를 클릭하여 시작점을 클릭합니다. 그런 다음 다른 지점에 마우스를 클릭하면 직선이 그려지게 됩니다.

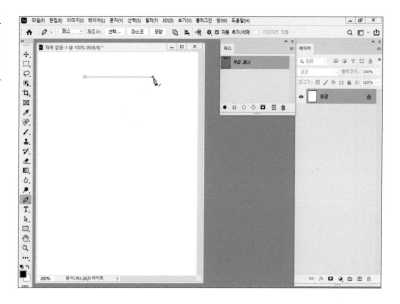

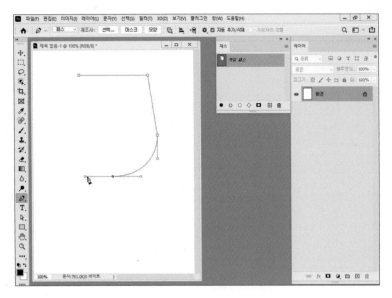

**04** 계속하여 곡선을 그리기 위해서 다른 지점에 마우스를 클릭한 채로 드래그하면 마우스 진행 방향으로 방향선이 생기면서 곡선의 패스가 만들어 집니다.

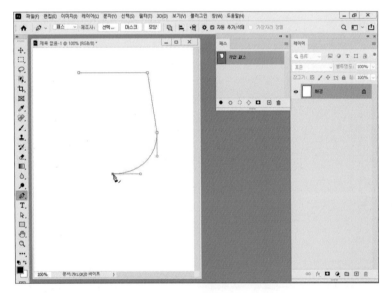

**05** 다른 방향으로 진행하고자 할 경우에는 진행 중인 방향선의 영향으로 모양이 제대로 그려지지 않으므로 이럴 경우에는 **Alt** 키를 누르고 생성된 기준점을 클릭하면 진행하는 쪽의 방향선이 삭제됩니다.

> **Tip**
> 곡선의 패스는 방향선에 의하여 곡선의 형태와 방향을 조절할 수 있습니다. 따라서 정교한 곡선 패스를 만들기 위해서는 방향선의 성질을 적절히 조정할 수 있어야 합니다.

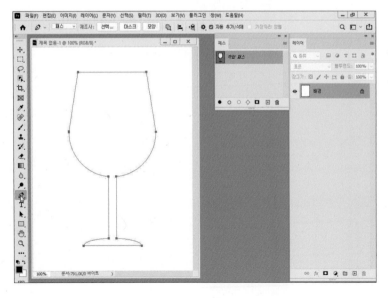

**06** 동일한 방법으로 곡선 패스와 직선 패스를 만들어 갑니다. 기준점의 위치가 잘못 되었을 경우에는 직접 선택 도구를 사용하여 기준점을 이동하거나 핸들을 조절하여 모양을 수정할 수 있습니다.

> **강의 노트** 패스 선택 도구는 패스 전체를 선택하고, 직접 선택 도구는 패스의 기준점을 선택하거나 핸들을 이동시켜 모양을 수정하고자 할 경우에 사용합니다.

**07** 첫 번째 기준점과 연결하여 닫힌 패스를 완성하면 작업된 패스를 저장하기 위해서 패스 패널에서 작업 패스를 더블클릭한 후 이름을 입력하고 확인 버튼을 클릭하면 패널에 저장됩니다.

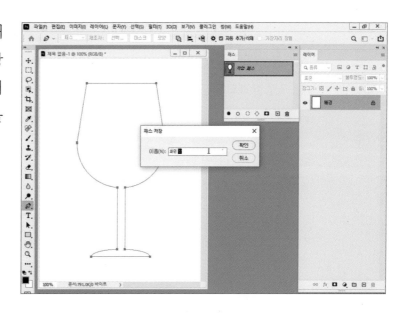

**08** 패스 중앙을 제외시키기 위해서 펜 도구가 선택된 상태에서 옵션 패널의 '모양 오버랩 제외' 항목을 체크하고 직선을 그려줍니다.

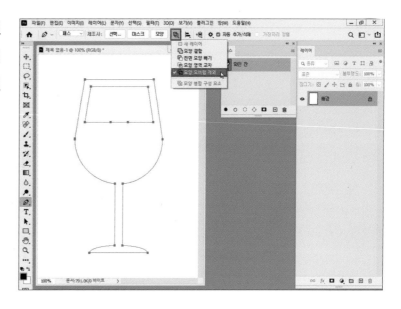

**09** 해당 패스를 선택하고 패스 패널 하단의 '패스를 선택 영역으로 불러옵니다.' 버튼을 클릭하면 선택 영역으로 전환되어 활용할 수 있습니다.

**TIP**

패스 패널에 등록된 패스 영역을 선택영역으로 활성화하기 위해서는 패널 하단의 '패스를 선택 영역으로 불러옵니다.' 버튼으로 드래그 하여 선택 영역을 잡을 수도 있지만, 키보드의 Ctrl키를 누른 채 패널에서 해당 패스 영역을 클릭하면 좀 더 용이하게 패스 영역을 선택할 수 있습니다.

Power Upgrade

# 펜 도구 옵션 패널

## 패스 작업할 때의 옵션 패널

## 모양 작업할 때의 옵션 패널

## 1. 선택 도구 모드

ⓐ 모양 : 패스를 제작할 때 도형으로 만듭니다. 레이어 패널과 패스 패널에 모양 창이 생성됩니다.

ⓑ 패스 : 패스로 만들어줍니다. 레이어와는 상관없이 패스 패널에 작업 패스 창이 생성됩니다.

2. **선택** : 선택한 패스를 선택 영역으로 설정합니다.

3. **마스크** : 선택한 레이어에 선택한 패스의 모양으로 벡터 마스크를 만듭니다.

4. **모양** : 선택한 패스를 모양 레이어로 만듭니다.

5. **패스 작업** : 선택한 패스들의 모양을 합치거나 빼기, 또는 교차하여 모양을 만듭니다.

6. **패스 정렬** : 선택한 패스들을 정렬합니다.

7. **패스 배열** : 선택한 패스를 정돈합니다.

8. **추가 펜 및 패스 옵션 설정**

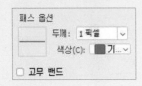

① 두께 : 패스의 두께를 설정할 수 있습니다.

② 색상 : 기존의 회색에서 벗어나 다양한 색상으로 패스 색상을 지정할 수 있습니다.

③ 고무 밴드 : 패스를 그리는 동안 마우스 포인터를 가져간 지점에 클릭할 경우 만들어지는 모양이 미리 표시됩니다.

9. **자동 추가/삭제**

패스를 제작할 때 자동으로 포인트를 추가하거나 삭제할 수 있습니다.

10. **가장자리 정렬**

이 항목을 체크하면 픽셀 격자에 맞게 벡터 모양의 가장자리를 정렬하고 선명하게 만듭니다.

11. **칠/획** : 패스의 면색과 선색을 지정합니다.

ⓐ 투명하게 만듭니다.

ⓑ 면색을 칠합니다.

ⓒ 그레이디언트 색상을 칠합니다.

ⓓ 패턴을 칠합니다.

ⓔ 색상 피커 대화상자가 나타납니다.

ⓕ 최근 사용한 색상 : 최근 사용한 색상 목록입니다.

ⓖ 견본 패널에 등록되어 있는 색상 견본입니다.

12. **모양 획 폭 설정**

선의 두께를 지정합니다.

13. **모양 획 유형 설정**

선의 모양을 지정합니다.

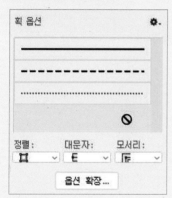
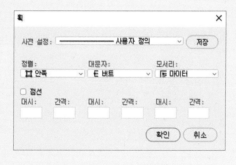

ⓐ 등록된 선 스타일 목록입니다.

ⓑ 정렬, 대문자, 모서리 : 패스를 기준으로 외곽선을 안쪽, 중앙, 바깥쪽의 위치를 설정하는 옵션과 선의 양쪽 끝 모양, 선의 모서리 모양을 지정합니다.

ⓒ 사전 설정 : 선 스타일에서 원하는 모양을 선택합니다.

ⓓ 점선 : 점선을 만들 경우 선의 길이와 간격을 조절합니다.

14. **W/H**

만들어진 패스 모양의 가로, 세로 크기를 확인하고 변경할 수 있습니다.

# 자유 형태 펜 도구, 곡률 도구, 기준점 추가 도구, 기준점 삭제 도구, 기준점 변환 도구

| | | |
|---|---|---|
| ■ 🖋 펜 도구 | | P |
| 🖋 자유 형태 펜 도구 | | P |
| 🖋 내용 인식 추적 도구 | | P |
| 🖋 곡률 펜 도구 | | P |
| 🖋 기준점 추가 도구 | | |
| 🖋 기준점 삭제 도구 | | |
| ⌐ 기준점 변환 도구 | | |

### 1. 자유 형태 펜 도구

마우스로 자유롭게 드래그 하여 패스를 만드는 도구입니다.

### 2. 내용 인식 추적 도구

이미지의 가장자리를 따라 패스나 모양을 만들 수 있는 도구로 다른 펜 도구와 함께 그룹화되어 보이지 않으면 도구 모음 사용자 정의 옵션을 사용하여 도구를 추가하여 사용할 수 있으며, 또한 내용 인식 추적 도구를 사용하려면 환경 설정〉성능에서 '그래픽 프로세서 사용' 옵션도 활성화해야 합니다.

### 3. 곡률 펜 도구

곡선 제작 시 미리 보기 하며 패스를 만들 수 있는 도구입니다.

### 4. 기준점 추가 도구

만들어진 패스에 기준점을 추가합니다.

### 5. 기준점 삭제 도구

만들어진 패스의 기준점을 삭제합니다.

### 6. 기준점 변환 도구

방향선을 삭제시키거나 생성시켜 기준점의 속성을 바꾸면서 형태를 변형합니다.

# 패스 선택 도구, 직접 선택 도구

| | | |
|---|---|---|
| ■ ▶ 패스 선택 도구 | | A |
| ▷ 직접 선택 도구 | | A |

### 1. 패스 선택 도구

패스를 전체 선택합니다.

### 2. 직접 선택 도구

패스의 포인트를 선택하거나 핸들을 이동시켜 모양을 변형시킬 수 있습니다.

01 [파일]-[열기] 메뉴를 선택하여 '섹션 05〉샘플〉실습02.jpg' 파일을 불러옵니다. 도구 패널에서 펜 도구를 선택하고 옵션 패널에서 '패스' 항목을 지정합니다. 그리고 [창] 메뉴에서 패스 패널을 불러옵니다.

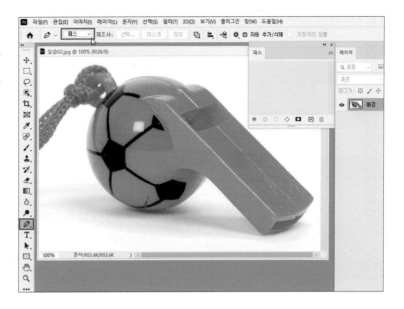

02 돋보기 도구로 화면을 확대하고 마우스를 이미지 외곽에 클릭하여 시작점을 만든 후 다른 지점에 진행하고자 하는 방향으로 마우스를 클릭한 채로 드래그하면 진행 방향으로 방향선이 생기면서 곡선의 패스가 만들어집니다.

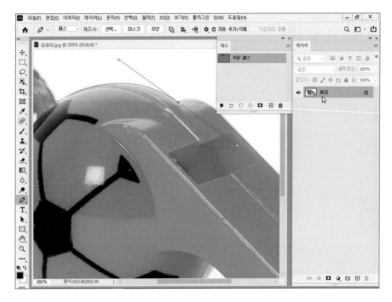

03 그런 다음 Alt 키를 누른 채 생성된 기준점을 클릭하면 진행하는 쪽의 방향선이 삭제됩니다.

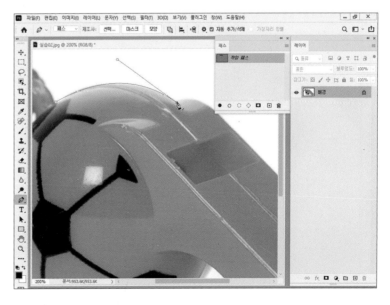

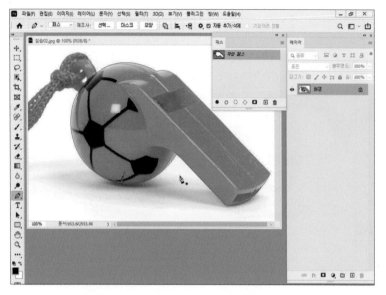

**04** 계속하여 위와 동일한 방법으로 이미지 외곽을 따라 패스 작업을 하고, 처음 클릭하였던 시작점과 연결하여 패스를 완성합니다.

**TIP**

패스 작업이 잘못됐을 경우 직접 선택 도구를 사용하여 패스의 기준점을 선택하거나 방향선을 이동시켜 모양을 수정하면 됩니다.

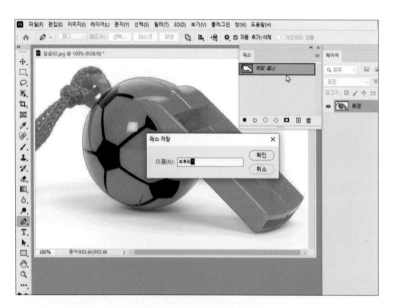

**05** 작업된 패스를 저장하기 위해서 패스 패널에서 작업 패스를 더블클릭한 후 이름을 입력하고 확인 버튼을 클릭하면 패널에 저장됩니다.

**TIP**

패스 작업을 하기 전에 패스 패널에서 '새 패스를 만듭니다.' 버튼을 클릭하여 저장된 패스를 미리 생성한 후에 작업하여도 됩니다.

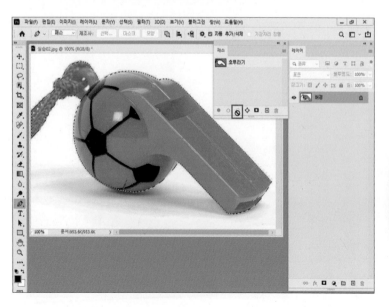

**06** 이제 패스 패널 하단의 '패스를 선택 영역으로 불러옵니다.' 버튼을 클릭하여 선택 영역으로 전환하여 활용할 수 있습니다.

**TIP**

패스 패널에 등록된 패스 영역을 선택영역으로 활성화하기 위해서는 패널 하단의 '패스를 선택 영역으로 불러옵니다.' 버튼으로 드래그 하여 선택 영역을 잡을 수도 있지만, 키보드의 Ctrl 키를 누른 채 패널에서 해당 패스 영역을 클릭하면 좀 더 용이하게 패스 영역을 선택할 수 있습니다.

# 따라하기 ③ 패스를 활용한 선 그리기

**01** [파일]-[열기] 메뉴를 선택하여 '섹션 05〉샘플〉실습03.jpg' 파일을 불러옵니다. 도구 패널에서 펜 도구를 선택하고 옵션 패널에서 '패스' 항목을 지정합니다. 그리고 [창] 메뉴에서 패스 패널을 불러옵니다.

**02** 패스 패널에서 '새 패스를 만듭니다.' 버튼을 눌러 새로운 패스 영역을 생성하고 펜 도구로 곡선 모양을 만들어 줍니다.

**03** 계속하여 엄지발가락에 해당하는 곡선을 하나 더 그려줍니다.

**04** 나머지 발가락 부분을 각각 그리지 않고, 앞서 그려놓은 엄지발가락 패스를 복사하여 모양을 수정해 완성해 보겠습니다. 도구 패널에서 패스 선택 도구를 선택하고 앞서 그려놓은 엄지발가락 패스를 선택합니다.

**05** 그런 다음 [편집]-[복사] 메뉴를 클릭하여 클립보드에 패스를 저장하고, 다시 [편집-[붙여넣기]를 눌러 하나를 더 복사한 후 원하는 위치에 이동시켜주거나, Alt 키를 누른 채 드래그 하여 복사합니다.

**06** [편집]-[패스 자유 변형] 메뉴를 클릭하여 크기를 조금 축소시켜주고, 직접 선택 도구를 선택하여 기준점과 방향선 등을 이동시켜 모양을 수정합니다.

**07** 나머지 발가락 모양 또한 위와 동일한 방법으로 모두 완성합니다.

**08** 완성된 모든 패스를 패스 선택 도구로 선택하고 Alt 키를 누른 채 옆으로 하나를 더 복사합니다.

**09** 그리고 [편집]-[패스 변형]-[가로로 뒤집기] 메뉴를 실행하여 반사시켜 주고, 위치를 이동합니다.

10 이제 패스에 선색을 적용하기 위해서 도구 패널에서 브러시 도구를 선택하고 옵션 패널에서 브러시의 모양과 크기를 조절합니다.

11 또한 후 전경색을 원하는 색으로 지정하고, 레이어 패널에서 '새 레이어를 만듭니다.' 버튼을 클릭하여 새로운 투명 레이어를 추가합니다.

12 그런 다음 앞서 작업한 패스를 선택하고 패스 패널 하단의 '브러시로 획 패스를 만듭니다.' 버튼을 클릭하여 선색을 적용합니다.

## 따라하기 04 도형 도구 사용하기

**01** [파일]-[열기] 메뉴를 선택하여 '섹션 05〉샘플〉실습04.jpg' 파일을 불러옵니다.

**02** 도구 패널에서 전경색을 지정하고 타원 도구를 선택합니다. 그리고 옵션 패널에서 선택 도구 모드를 '모양' 항목으로 지정합니다.

 타원 도구는 정원이나 타원 모양을 그릴 수 있는 도형 도구입니다.

**03** Shift 키를 누른 채 이미지에 마우스를 드래그 하여 정원 모양으로 원을 그려줍니다. 패스 패널에 패스가 생성되고, 레이어 패널에는 레이어가 생성된 것을 볼 수 있습니다.

**04** 다시 사각형 도구를 선택하고 원 위에 직사각형을 그려줍니다. 역시 레이어가 따로 생성됩니다.

**강의노트** 사각형 도구는 정사각형이나 직사각형 모양을 그릴 수 있는 도형 도구입니다.

**05** 모양을 수정하기 위해서 도구 패널에서 기준점 추가 도구를 선택하고, 직사각형 하단의 중앙에 마우스를 클릭하여 포인트를 추가합니다.

**강의노트** 기준점 추가 도구는 기존의 패스에 포인트를 추가하여 모양을 수정 할 수 있습니다.

**06** 그런 다음 다시 직접 선택 도구를 선택하고 기준점을 이동시켜 모양을 수정합니다.

**07** 모자를 완성하기 위해서 원형 도구를 선택하고 Shift 키를 누른 채 드래그 하여 정원을 그립니다.

**08** 레이어와 패스가 선택되어 있는 상태에서 도구 패널의 패스 선택 도구를 선택합니다. 그리고 옵션 패널의 패스 작업 항목에서 '모양 결합' 항목을 체크합니다.

**09** 앞서 그려놓은 원을 선택하고 Alt 키를 누른 채 오른쪽으로 드래그 하여 도형을 복사합니다. 레이어가 따로 생성되지 않고 기존의 레이어에 도형이 복사되는 것을 볼 수 있습니다.

**TIP**

옵션 패널의 '패스 작업' 항목은 도형을 그릴 때 모양을 합치거나 제외시켜 다양한 형태로 도형을 그릴 수 있도록 활용하는 옵션입니다.

 계속하여 하나의 원을 더 복사하고, 도구 패널에서 사각형 도구를 선택합니다. 그리고 옵션 패널에서 '둥근 모퉁이 반경 설정' 항목에서 둥글기 정도값을 설정합니다.

**강의 노트** 모서리가 둥근 직사각형 도구는 말 그대로 반경을 조절하여 모서리가 둥근 모양의 사각형을 그릴 때 사용하는 도구이고, 타원 도구는 원 모양을 그리는 도구입니다.

 전경색을 흰색으로 지정하고 모자 형태 위에 세로로 드래그 하여 모자를 모두 완성합니다.

**강의 노트** 모양을 그린 후 색상을 변경하고자 할 경우에는 레이어 패널에서 해당 레이어의 축소판을 더블클릭하여 색상을 변경하면 됩니다.

위와 동일한 방법으로 나머지 얼굴 부분을 각각 도형을 이용하여 그려주고, 복사하여 원하는 모양을 만들어 봅니다.

01 [파일]-[열기] 메뉴를 선택하여 '섹션 05〉샘플〉실습05-01.jpg, 실습05-02.jpg' 두 파일을 불러옵니다.

02 먼저 도구 패널에서 사각형 도구를 선택하고, 옵션 패널에서 '모양' 항목을 선택한 후 면색을 흰색으로 지정합니다.

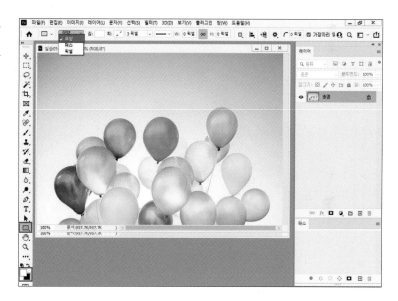

03 그리고 풍선 이미지 위에 마우스를 드래그 하여 직사각형을 만듭니다.

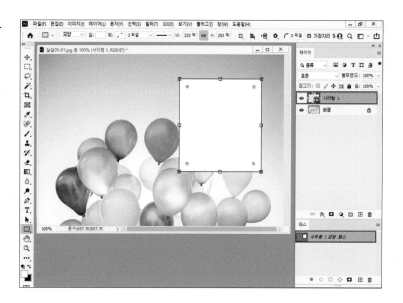

**04** 계속하여 패스 패널과 레이어 패널에 해당 도형이 선택되어 있는 상태에서 옵션 패널의 패스 작업에서 '모양 오버랩 제외'를 선택합니다.

**05** 그런 다음 앞서 그려놓은 직사각형 위에 또 다른 사각형을 그려 공통된 영역이 뚫어지게 모양을 만듭니다.

**06** 이제 소녀 이미지를 불러와 보겠습니다. 도구 패널에서 사각형 선택 윤곽 도구를 선택하고 얼굴 부분을 드래그 하여 선택합니다.

**07** 이동 도구를 사용하여 풍선 이미지로 드래그 하여 앞서 만들어 놓은 모양 아래로 이동시킵니다.

**08** [편집]-[자유 변형] 메뉴를 실행한 후 모서리 부분을 드래그 하여 크기를 축소시키고 Enter 키를 누릅니다.

**09** 레이어 패널에서 이미지 레이어가 선택된 상태에서 Shift 키를 누르고 도형 레이어를 클릭하여 다중 선택합니다. 그런 다음 [편집]-[자유 변형] 메뉴를 클릭하여 회전시켜줍니다.

**10** 마지막으로 도구 패널에서 사용자 정의 모양 도구를 선택하고, 전경색을 원하는 색으로 지정합니다. 그리고 옵션 패널의 팝업 메뉴를 클릭하여 압정 모양을 선택합니다.

**11** 그런 다음 Shift 키를 누른 채 마우스를 드래그하여 모양을 만듭니다.

**12** [편집]-[변형]-[가로로 뒤집기] 명령을 실행하여 반사시켜 주고, 원하는 곳에 위치시켜줍니다.

> **TIP**
> 사용자 정의 모양 도구를 사용할 때는 Shift 키를 누른 상태에서 모양을 그려주어야 저장된 모양 그대로 가로, 세로 비율을 유지한 채 그려지게 됩니다.

**Power Upgrade**

## 사각형 도구

### 사각형 도구 옵션 패널

1. **선택 도구 모드**

   ⓐ 모양 : 패스를 제작할 때 도형으로 만듭니다. 레이어 패널과 패스 패널에 모양 창이 생성됩니다.

   ⓑ 패스 : 패스로 만들어줍니다. 패스 패널에 작업 패스 창이 생성됩니다.

   ⓒ 픽셀 : 패스, 도형이 아닌 픽셀 이미지로 만들어지면서 전경색이 채워집니다. 펜 도구에서는 지정되지 않고, 도형 툴에서만 지정하여 사용할 수 있습니다.

2. **칠/획** : 패스의 면색과 선색을 지정합니다.

3. **W/H** : 만들어진 패스 모양의 가로, 세로 크기를 확인하고 변경할 수 있습니다.

4. **패스 작업** : 선택한 패스들의 모양을 합치거나 빼기, 또는 교차하여 모양을 만듭니다.

5. **패스 정렬** : 선택한 패스들을 정렬합니다.

6. **패스 배열** : 선택한 패스를 정돈합니다.

7. **추가 모양 및 패스 옵션 설정**

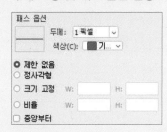

   ⓐ 패스 옵션 : 패스의 두께와 색상을 지정할 수 있습니다.

   ⓑ 제한 없음 : 마우스로 드래그 하여 자유롭게 사각형을 그립니다.

   ⓒ 정사각형 : 정사각형으로 그려집니다.

   ⓓ 크기 고정 : 가로, 세로 값을 입력하여 도형을 그립니다.

   ⓔ 비율 : 가로 , 세로 비율 값을 입력하여 동일한 비례로 도형을 그립니다.

   ⓕ 중앙부터 : 클릭한 점을 기준으로 사각형이 그려집니다.

8. **둥근 모퉁이 반경 설정** : 모서리가 둥근 직사각형 도구가 없어지고 대신 사각형 도구에 모퉁이 반경을 설정할 수 있는 옵션이 추가되었습니다. 모서리의 둥글기 정도값을 조절합니다.

9. **가장자리 정렬** : 이 항목을 체크하면 픽셀 격자에 맞게 벡터 모양의 가장자리를 정렬하고 선명하게 만듭니다.

## 타원 도구

### 타원 도구 옵션 패널

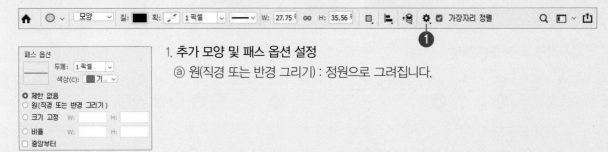

**1. 추가 모양 및 패스 옵션 설정**

ⓐ 원(직경 또는 반경 그리기) : 정원으로 그려집니다.

## 삼각형 도구

### 삼각형 도구 옵션 패널

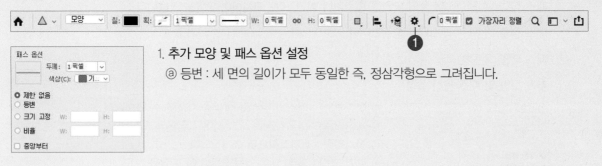

**1. 추가 모양 및 패스 옵션 설정**

ⓐ 등변 : 세 면의 길이가 모두 동일한 즉, 정삼각형으로 그려집니다.

## 다각형 도구

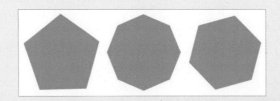

### 다각형 도구 옵션 패널

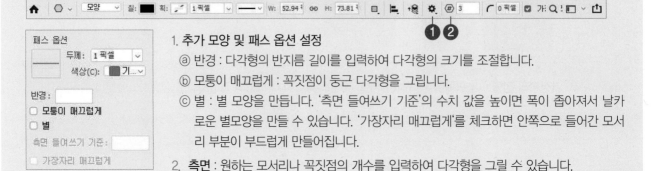

**1. 추가 모양 및 패스 옵션 설정**

ⓐ 반경 : 다각형의 반지름 길이를 입력하여 다각형의 크기를 조절합니다.

ⓑ 모퉁이 매끄럽게 : 꼭짓점이 둥근 다각형을 그립니다.

ⓒ 별 : 별 모양을 만듭니다. '측면 들여쓰기 기준'의 수치 값을 높이면 폭이 좁아져서 날카로운 별모양을 만들 수 있습니다. '가장자리 매끄럽게'를 체크하면 안쪽으로 들어간 모서리 부분이 부드럽게 만들어집니다.

**2. 측면** : 원하는 모서리나 꼭짓점의 개수를 입력하여 다각형을 그릴 수 있습니다.

# 선 도구

## 선 도구 옵션 패널

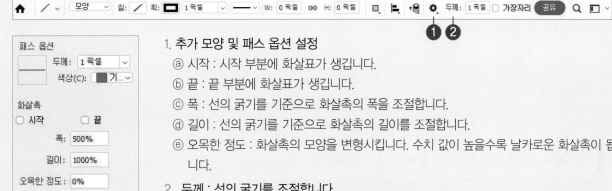

1. **추가 모양 및 패스 옵션 설정**

   ⓐ 시작 : 시작 부분에 화살표가 생깁니다.

   ⓑ 끝 : 끝 부분에 화살표가 생깁니다.

   ⓒ 폭 : 선의 굵기를 기준으로 화살촉의 폭을 조절합니다.

   ⓓ 길이 : 선의 굵기를 기준으로 화살촉의 길이를 조절합니다.

   ⓔ 오목한 정도 : 화살촉의 모양을 변형시킵니다. 수치 값이 높을수록 날카로운 화살촉이 됩니다.

2. **두께 : 선의 굵기를 조절합니다.**

# 사용자 정의 모양 도구

## 사용자 정의 모양 도구 옵션 패널

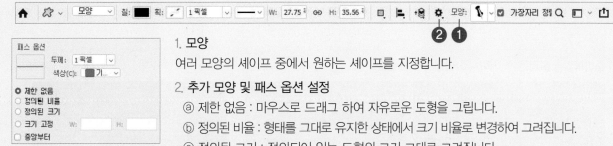

1. **모양**

   여러 모양의 셰이프 중에서 원하는 셰이프를 지정합니다.

2. **추가 모양 및 패스 옵션 설정**

   ⓐ 제한 없음 : 마우스로 드래그 하여 자유로운 도형을 그립니다.

   ⓑ 정의된 비율 : 형태를 그대로 유지한 상태에서 크기 비율로 변경하여 그려집니다.

   ⓒ 정의된 크기 : 정의되어 있는 도형의 크기 그대로 그려집니다.

   ⓓ 크기 고정 : 가로, 세로 입력한 크기대로 그려집니다.

   ⓔ 중앙부터 : 클릭한 점을 기준으로 그려집니다.

**1**

새로운 이미지 창을 만들어 당근 모양을 만들어 보세요.

힌트 • 펜 도구와 타원 도구 등을 사용한 모양 만들기, 직접 선택 도구를 사용한 모양 수정

▲ 완성파일 : 섹션 05〉완성〉기초01.psd

**2**

준비파일을 불러온 후 여러 가지 모양 도구를 사용하여 이미지를 꾸며 보세요.

힌트 • 선 도구, 사각형 도구

▲ 준비파일 : 섹션 05〉샘플〉기초02.jpg    ▲ 완성파일 : 섹션 05〉완성〉기초02.psd

**3**

준비파일을 불러온 후 이미지를 합성시켜 보세요.

▲ 준비파일 : 섹션 05〉샘플〉기초03-01.jpg, 기초03-02.jpg    ▲ 완성파일 : 섹션 05〉완성〉기초03.psd

힌트  • 펜 도구, 패스 패널 활용, [편집]-[자유 변형]을 사용한 크기 조절

1) 준비된 파일을 불러온 후 완성파일처럼 다양한 도형들을 사용하여 그려 보세요.

▲ 준비파일 : 섹션 05〉샘플〉심화01.jpg　　　　▲ 완성파일 : 섹션 05〉완성〉심화01.psd

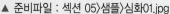

힌트 • 타원 도구, 사각형 도구, 사용자 정의 모양 도구, [편집]-[변형]-[왜곡]을 사용한 모양 변형

2) 준비된 파일들을 이용하여 이미지를 합성해 보세요.

▲ 준비파일 : 섹션 05〉샘플〉심화02.jpg　　　　▲ 완성파일 : 섹션 05〉완성〉심화02.psd

힌트 • 펜 도구와 패스 패널 활용, 브러시 도구를 사용한 모양 지정

3) 준비된 파일들을 불러온 후 이미지를 합성해 보세요.

▲ 준비파일 : 섹션 05〉샘플〉심화03-01.jpg, 심화03-02.psd　　　　▲ 완성파일 : 섹션 05〉완성〉심화03.psd

힌트 • 펜 도구와 패스 패널 활용, [편집]-[자유 변형]을 사용한 크기 조절과 회전, 레이어 복사 활용

# 06 문자 입력 및 활용

디자인 실무에서 진행되는 광고, 편집, 포스터, 웹 디자인 등을 살펴보면 문자 요소를 활용한 타이포그래피가 매우 중요한 역할을 하고 있는 것을 알 수 있습니다. 이 파트에서는 문자를 입력하는 다양한 테크닉과 활용 예제를 통하여 좀 더 멋있는 이미지를 꾸밀 수 있도록 학습해 보겠습니다.

Preview

## 학습내용

실습 01. 문자 입력과 속성 조절하기
실습 02. 패스를 따라 흐르는 문자 입력하기
실습 03. 어도비에서 제공하는 폰트 사용하기
실습 04. 문자 스타일 등록 및 사용하기

실습 05. 왜곡 기능을 이용한 문자디자인
실습 06. 문자를 이용한 도형화 작업하기
실습 07. 문자를 이용한 프레임 작업하기

▲ 완성 파일 : 섹션 06〉완성〉실습01.psd

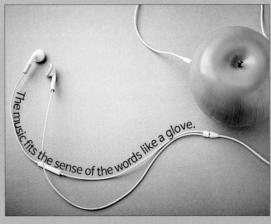

▲ 완성 파일 : 섹션 06〉완성〉실습02.psd

▲ 완성 파일 : 섹션 06〉완성〉실습03.psd

▲ 완성 파일 : 섹션 06〉완성〉실습04.psd

▲ 완성 파일 : 섹션 06〉완성〉실습05.psd

▲ 완성 파일 : 섹션 06〉완성〉실습06.psd

▲ 완성 파일 : 섹션 06〉완성〉실습07.psd

✓ 체크포인트

– 수평 문자 도구 사용법을 입힙니다.
– 펜 도구와 패스를 이용하여 곡선을 따라 흐르는 문자를 입력합니다.
– 어도비에서 제공하는 무료 폰트를 사용해 봅니다.
– 문자 스타일 패널에 스타일을 등록해보고 또한 활용해 봅니다.
– 왜곡 기능을 이용하여 다양한 모양의 문자를 표현해 봅니다.
– 문자를 도형으로 바꿔 응용해 봅니다.
– 문자를 프레임으로 변형시킨 후 이미지를 삽입해 봅니다.

**01** [파일]-[열기] 메뉴를 선택하여 '섹션 06〉샘플〉실습01.jpg' 이미지를 불러옵니다. 도구 패널에서 수평 문자 도구를 선택하고, 옵션 패널에서 글꼴을 고딕체 계열로 지정한 후 크기도 조절합니다.

**강의 노트** 수평 문자 도구는 문자를 수평방향으로 입력할 때 사용하고, 세로 문자 도구는 문자를 수직 방향으로 입력할 때 사용합니다.

**TIP**
입력하려고 하는 문자의 글꼴이나 크기, 색상 등은 옵션 패널에서 지정하여도 되지만, [창] 메뉴의 문자 패널을 이용하면 좀 더 자세한 속성까지 지정할 수 있습니다.

**02** 이미지 위에 마우스를 클릭하면 자리 표시자 문자가 입력됩니다. 그 상태에서 'Fantasy' 문자를 입력하고 이미지의 빈 공간을 클릭합니다.

**TIP**
문자 입력 시 자리 표시자를 나타나지 않게 하려면 [편집]-[환경 설정]-[문자] 메뉴에서 '자리 표시자 텍스트로 새로운 유형 레이어 채우기' 항목을 체크하지 않으면 됩니다.

**03** 레이어 패널을 확인해 보면 문자 레이어가 생성된 것을 볼 수 있습니다. 입력된 문자의 글꼴이나 크기 등을 조절하기 위해서 [창] 메뉴에서 문자 패널을 불러옵니다.

**04** 이동 도구를 선택하거나 텍스트 레이어를 더블클릭하여 영역을 잡은 후 문자 패널에서 글꼴과 크기, 색상을 조절합니다.

**05** 이동 도구가 선택된 상태에서 [편집]-[자유 변형] 메뉴를 클릭하여 회전시켜 줍니다.

**06** 위와 동일한 방법으로 나머지 문자들 또한 각각 입력 후 원하는 폰트와 크기, 색상들을 적용시켜 봅니다.

# 수평 문자 도구 옵션 패널

1. **텍스트 방향 켜기/끄기** : 입력한 문자의 방향을 바꿉니다.
2. **글꼴 검색 및 선택** : 적용하려는 글꼴을 지정합니다.
3. **글꼴 스타일 설정** : 글꼴의 유형(스타일)을 지정합니다.
4. **글꼴 크기 설정** : 선택한 패스들의 모양을 합치거나 빼기, 또는 교차하여 모양을 만듭니다.
5. **앤티 앨리어싱 방법 설정** : 문자의 외곽선에 앤티 앨리어싱을 적용하는 방법을 지정합니다.
6. **문단 정렬** : 문자의 정렬 방식을 지정합니다.
7. **텍스트 색상 설정** : 문자의 색상을 지정합니다.
8. **뒤틀어진 텍스트 만들기** : 문자를 왜곡시켜 변형시키는 효과입니다.
9. **문단 및 단락 패널 켜기/끄기** : 문자 패널과 단락 패널을 보여줍니다.

# 문자 패널

1. **글꼴 검색 및 선택** : 글꼴의 종류를 선택합니다.
2. **글꼴 스타일 설정** : 각 글꼴에 따른 스타일(굵기, 기울임)을 선택합니다.
3. **폰트 크기 설정** : 글꼴의 크기를 조절합니다.
4. **행간 설정** : 행과 행 사이의 간격을 조절합니다.
5. **두 문자간 커닝 설정** : 커서가 위치한 좌우에 있는 문자 사이의 간격을 조절합니다.
6. **선택 문자의 자간 설정** : 문자들 사이의 간격을 조절합니다.
7. **세로 비율** : 문자의 세로 길이를 조절합니다.
8. **가로 비율** : 문자의 가로 길이를 조절합니다.
9. **기준선 이동 설정** : 문자의 기준선인 베이스 라인을 기준으로 문자의 상하 위치를 조절합니다.
10. **텍스트 색상 설정** : 문자의 색상을 조절합니다.
11. **스타일** : 문자의 굵기, 기울임, 대문자, 위첨자, 아래첨자, 밑줄, 취소선 등의 스타일을 적용합니다.
12. **하이픈 넣기 및 맞춤법 검사를 위해 설정한 문자의 언어 설정** : 각 언어별로 하이픈 설정과 맞춤법 검사 기능 등을 설정합니다.
13. **앤티 앨리어싱 방법 설정** : 문자의 외곽선을 부드럽게 해주는 앤티 앨리어싱을 설정합니다.

# 단락 패널

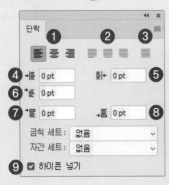

1. **정렬** : 문단을 왼쪽, 가운데, 오른쪽을 기준으로 정렬합니다.
2. **마지막 줄 강제 정렬** : 문단의 맨 마지막 줄을 왼쪽, 가운데, 오른쪽을 기준으로 정렬합니다.
3. **모두 강제 정렬** : 문단의 양쪽 끝을 일정하게 정렬합니다.
4. **왼쪽 여백 들여쓰기** : 문단을 입력한 숫자만큼 들여쓰기 합니다.
5. **오른쪽 여백 들여쓰기** : 문단의 오른쪽 여백을 설정합니다.
6. **첫 줄 들여쓰기** : 문단의 첫 줄을 들여쓰기 합니다.
7. **단락 앞에 공간 추가** : 문단의 앞부분에 공백을 추가합니다.
8. **단락 뒤에 공간 추가** : 문단의 뒷부분에 공백을 추가합니다.
9. **하이픈 넣기** : 영문에서 줄을 바꿀 때 하이픈을 삽입합니다.

# 패스를 따라 흐르는 문자 입력하기

**01** [파일]-[열기] 메뉴를 선택하여 '섹션 06〉샘플〉실습02.jpg' 이미지를 불러옵니다. [창] 메뉴에서 패스 패널을 불러오고 패널 하단의 '새 패스를 만듭니다.' 버튼을 클릭하여 패스를 생성합니다.

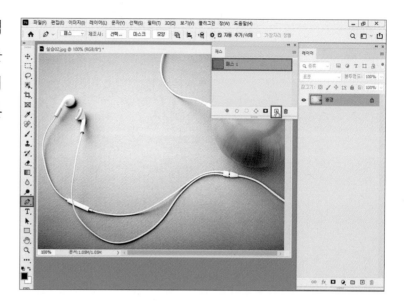

**02** 펜 도구를 선택하고 옵션 패널에서 선택 도구 모드를 '패스'로 지정한 후 화면처럼 곡선 패스를 만듭니다.

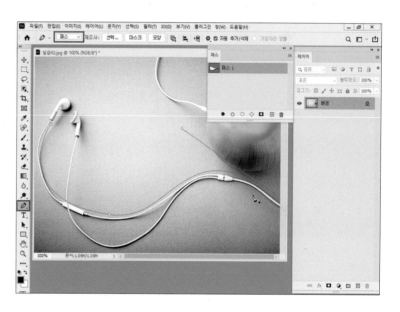

**03** 그런 다음 수평 문자 도구를 선택한 후 글꼴이나 크기, 색상 등을 지정하고 패스의 시작부분 위에 클릭합니다. 그러면 패스 위에 커서가 깜박이는 것이 보입니다.

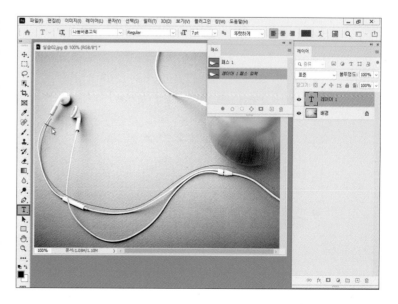

**04** 원하는 문자를 입력하면 미리 만들어 놓은 곡선 패스를 따라 문자가 흐르듯 입력됩니다.

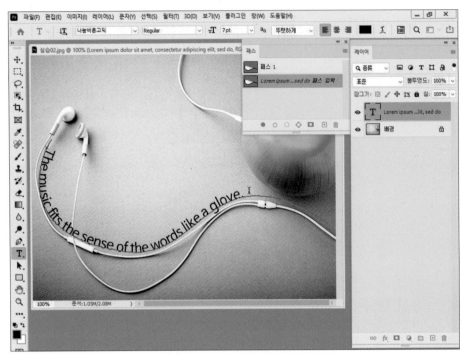

**05** 입력된 문자의 속성을 변경하고자 할 경우에는 문자 패널에서 글꼴이나 크기, 색상 등을 조절하면 됩니다.

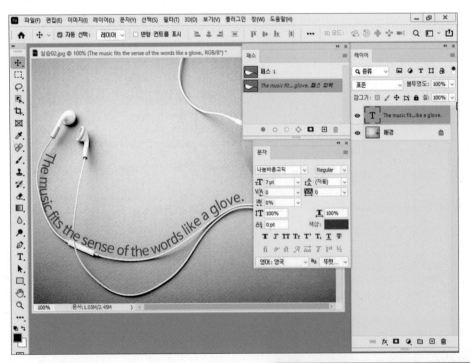

**Tip**
직접 선택 도구로 패스의 형태를 변경하면 자동으로 입력된 문자도 패스의 모양대로 변형되어 나타납니다.

01 [파일]-[열기] 메뉴를 선택하여 '섹션 06〉샘플〉실습03.jpg' 이미지를 불러옵니다.

02 어도비에서 제공하는 무료 폰트를 설치하기 위해서 Adobe Creative Cloud를 실행합니다.

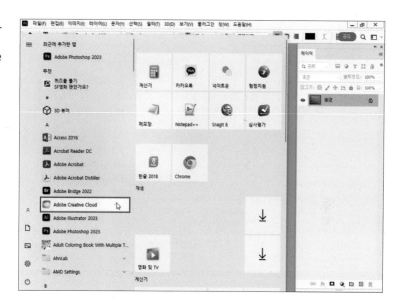

03 화면 왼쪽 메뉴에서 글꼴의 '글꼴 관리'를 클릭합니다.

강의노트 어도비 크리에이티브 클라우드에서는 가입자에 한하여 무료로 폰트(Adobe Fonts)를 제공하고 있습니다.

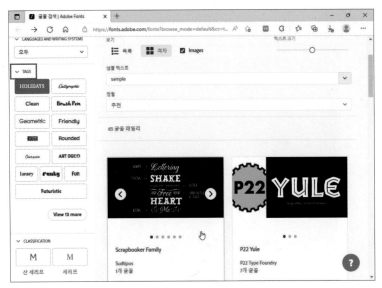

**04** 바뀐 화면에서 오른쪽 상단의 '추가 글꼴 검색'을 클릭합니다. Adobe Fonts 페이지가 나타나면 왼쪽 분류의 TAGS 항목에서 원하는 문자 모양을 먼저 클릭하면 오른쪽에서 관련 패밀리 글꼴들이 활성화됩니다. 여기서 사용하고자 하는 글꼴을 클릭합니다.

**05** 그러면 화면이 바뀌고 스크롤을 내려 사용하고자 하는 글꼴에 '글꼴 활성화'을 시켜줍니다.

**06** 수평 문자 도구를 사용하여 문자를 입력한 후 추가한 폰트로 변경시켜 봅니다.

**01** [파일]-[열기] 메뉴를 선택하여 '섹션 06〉샘플〉실습04.jpg' 이미지를 불러옵니다. 그리고 [창] 메뉴에서 문자 스타일 패널을 불러옵니다.

**02** 수평 문자 도구를 선택하고 이미지 위에 마우스를 드래그 하여 문장을 입력합니다. 레이어 패널을 확인해 보면 문자 레이어가 생성된 것을 볼 수 있습니다.

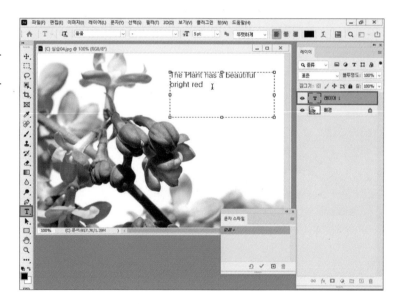

**03** 이동 도구를 선택하거나 문자 레이어를 더블클릭하여 영역을 잡은 후 문자 스타일 패널에서 '새 문자 스타일 만들기' 버튼을 클릭합니다.

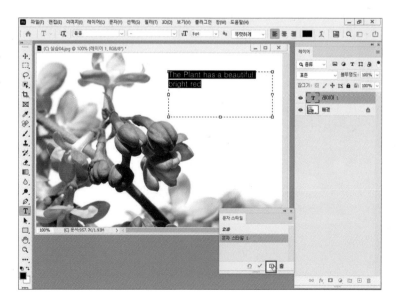

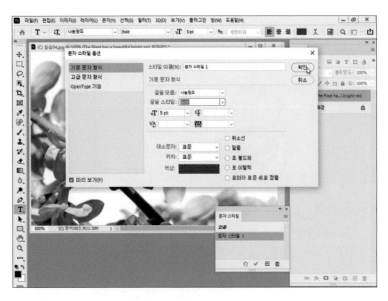

**04** 그리고 생성된 문자 스타일 1을 더블 클릭하여 문자 스타일 옵션 대화상 자가 나타나면 폰트 스타일의 이름과 원하는 폰트와 크기, 색상을 지정하고 확인 버튼을 클릭합니다.

**05** 동일한 방법으로 하단에 수평 문자 도구를 사용하여 문장을 입력합니다.

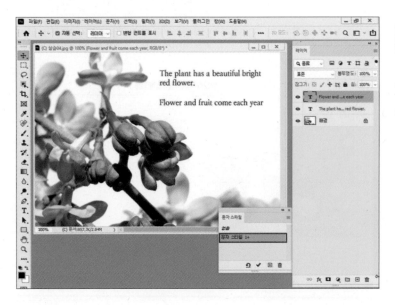

**06** 입력된 문장을 드래그 하여 블록을 잡은 후 문자 스타일 패널에서 앞서 저장해 놓은 스타일을 선택하면 동일한 폰트 스타일이 적용되는 것을 볼 수 있습니다.

**01** [파일]−[열기] 메뉴를 선택하여 '섹션 06〉샘플〉실습05.jpg' 이미지를 불러옵니다. 도구 패널에서 수평 문자 도구를 선택하고 이미지에 클릭하여 문자를 입력합니다.

**02** 입력된 문자를 문자 패널에서 레몬 이미지 안쪽에 들어가게 글꼴과 크기 등을 조절합니다.

**03** 입력된 단어를 수평 문자 도구로 드래그 하여 블록을 잡은 후 옵션 패널 상단의 '뒤틀어진 텍스트 만들기' 버튼을 클릭합니다.

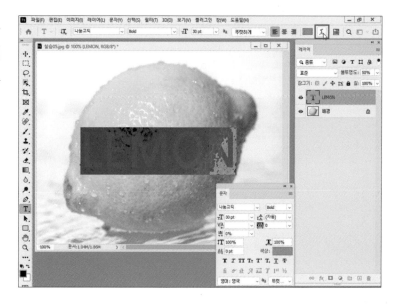

**04** 대화상자에서 스타일을 '돌출'로 지정하고 구부리기 값을 조절하여 레몬형태 안쪽에 불룩하게 문자를 변형시킵니다.

**05** 레이어 패널에서 불투명도 값을 조절하여 자연스럽게 표현합니다.

## 뒤틀어진 텍스트 기능

Power Upgrade

ⓐ 스타일 : 효과의 종류를 지정합니다.
ⓑ 가로/세로 : 굴절 방향을 가로 또는 세로로 지정합니다.
ⓒ 구부리기 : 휘는 정도를 조절합니다.
ⓓ 가로 왜곡 : 좌우로 굴절되는 정도를 조절합니다.
ⓔ 세로 왜곡 : 상하로 굴절되는 정도를 조절합니다.

PHOTOSHOP CC

〈원본〉

PHOTOSHOP CC

〈부채꼴〉

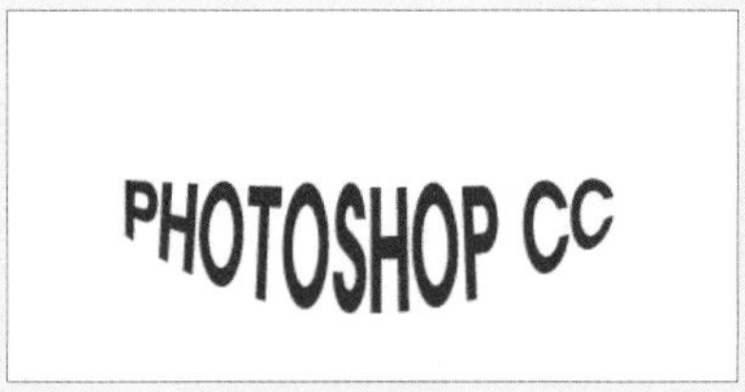

PHOTOSHOP CC

〈아래 부채꼴〉

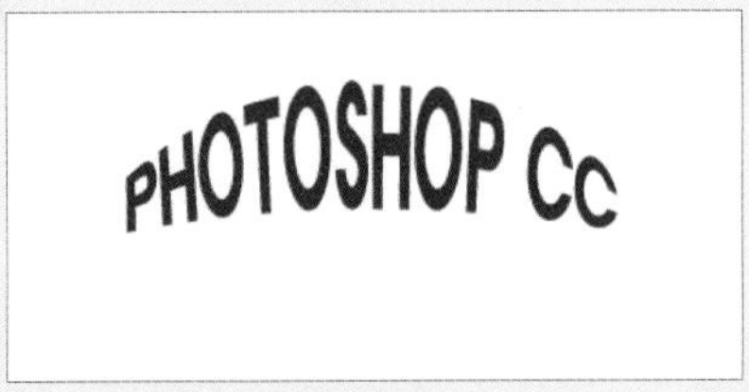

PHOTOSHOP CC

〈위 부채꼴〉

PHOTOSHOP CC

〈아치〉

PHOTOSHOP CC

〈돌출〉

PHOTOSHOP CC

〈아래가 넓은 조개〉

PHOTOSHOP CC

〈위가 넓은 조개〉

PHOTOSHOP CC

〈깃발〉

PHOTOSHOP CC

〈파형〉

PHOTOSHOP CC

〈물고기〉

PHOTOSHOP CC

〈상승〉

PHOTOSHOP CC

〈어안〉

PHOTOSHOP CC

〈부풀리기〉

PHOTOSHOP CC

〈양쪽 누르기〉

PHOTOSHOP CC

〈비틀기〉

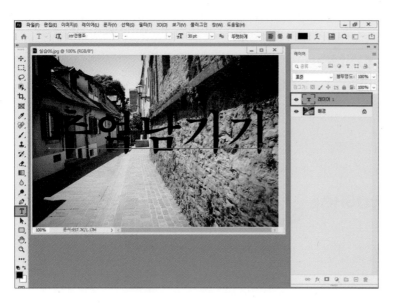

**01** [파일]-[열기] 메뉴를 선택하여 '섹션 06〉샘플〉실습06.jpg' 이미지를 불러옵니다. 도구 패널에서 수평 문자 도구를 선택하고 이미지에 클릭하여 문자를 입력합니다.

**02** [창] 메뉴에서 문자 패널을 불러와 글꼴과 크기, 색상 등을 조절합니다.

**03** 레이어 패널에서 문자 레이어 위에 마우스 오른쪽 키를 눌러 '모양으로 변환'을 선택합니다.

**강의노트** 모양으로 변환은 문자를 도형으로 바꿔주어 크기를 조절하거나 회전 등 변형 시켰을 경우에도 문자가 깨지지 않는 장점이 있습니다.

**04** 레이어 패널의 썸네일을 보면 문자가 도형으로 바뀌게 된 것을 확인할 수 있습니다.

**05** 계속하여 [편집]-[변형]-[원근] 메뉴를 클릭하여 원근감 있게 이미지를 변형시켜줍니다.

**01** [파일]-[열기] 메뉴를 선택하여 '섹션 06〉샘플〉실습07-01.jpg' 이미지를 불러옵니다. 도구 패널에서 수평 문자 도구를 선택하고 문자를 입력한 후 문자 패널에서 글꼴과 크기 등을 조절합니다.

**02** 레이어 패널에서 문자 레이어 위에 마우스 오른쪽 키를 눌러 '프레임으로 변환'을 선택합니다.

**03** 프레임으로 변형된 문자 형태를 선택하고 라이브러리 또는 [파일]-[연결 가져오기] 메뉴를 실행하여 '섹션 06〉샘플〉실습07-02.jpg' 이미지를 불러옵니다. 마스크 기능을 사용하지 않아도 프레임을 이용하여 원하는 형태 안에만 이미지를 삽입할 수 있습니다.

MEMO

**1**

준비된 파일을 불러와 단어를 입력하여 이미지를 꾸며 보세요.

▲ 준비파일 : 섹션 06〉완성〉기초01.psd

▲ 완성파일 : 섹션 06〉완성〉기초01.psd

힌트 • 수평 문자 도구, 문자 패널, 뒤틀
어진 텍스트 만들기 기능 활용

**2**

곡선을 따라 흐르는 문자를 입력하여 이미지를 꾸며 보세요.

▲ 준비파일 : 섹션 06〉샘플〉기초02.jpg

▲ 완성파일 : 섹션 06〉완성〉기초02.psd

힌트 • 수평 문자 도구, 문자 패널,
펜 도구와 패스 패널 활용

**3**

준비파일을 불러온 후 이미지를 합성시켜 보세요.

▲ 준비파일 : 섹션 06〉샘플〉기초03.jpg

▲ 완성파일 : 섹션 06〉완성〉기초03.psd

힌트 • 수평 문자 도구, 문자 패널, 모양 도구,
변형 기능 활용

심화문제

1) 준비된 파일을 불러온 후 완성파일처럼 이미지를 꾸며 보세요.

▲ 준비파일 : 섹션 06〉샘플〉심화01.jpg

▲ 완성파일 : 섹션 06〉완성〉심화01.psd

힌트  • 수평 문자 도구로 문자 입력 후 모양으로 변환, 변형 메뉴의 왜곡 기능을 활용한 변형

2) 준비된 파일을 불러와 도형과 문자를 이용하여 이미지를 꾸며 보세요.

▲ 준비파일 : 섹션 06〉샘플〉심화02.jpg

▲ 완성파일 : 섹션 06〉완성〉심화02.psd

힌트  • 수평 문자 도구, 문자 패널, 모양 도구, 모양으로 변환 기능 사용과 변형 기능 활용

3) 준비된 파일들을 불러온 후 이미지를 합성해 보세요.

▲ 섹션 06〉샘플〉심화03.jpg

▲ 완성파일 : 섹션 06〉완성〉심화03.psd

힌트  • 수평 문자 도구, 문자 패널, 문자 래스터화 기능과 흐림 효과 도구, 사용자 정의 모양 도구

# 07 레이어 스타일 활용하기

레이어 스타일은 이미지에 그림자 효과나 엠보싱 효과 등을 적용하여 좀 더 입체적이고 사실적인 이미지를 표현하는데 훌륭한 역할을 하는 기능입니다. 레이어 스타일과 함께 각종 관련된 여러 가지 기능들에 대해서 학습해 보겠습니다.

Preview

## 🔲 학습내용

실습 01. 레이어 스타일 적용하기

실습 02. 레이어 스타일로 독특한 문자 표현하기

실습 03. 레이어 스타일 응용하기

실습 04. 레이어 스타일 복사하기

▲ 완성 파일 : 섹션 07〉완성〉실습01.psd

▲ 완성 파일 : 섹션 07〉완성〉실습02.psd

▲ 완성 파일 : 섹션 07〉완성〉실습03.psd

▲ 완성 파일 : 섹션 07〉완성〉실습04.psd

## ✔ 체크포인트

– 다양한 레이어 스타일 효과를 적용해 봅니다.

– 레이어 스타일을 적용하여 독특한 문자를 표현합니다.

– 레이어 스타일 효과를 일반 레이어로 변환시켜 응용해 봅니다.

– 레이어 스타일 효과를 복사하여 빠르게 적용시켜 봅니다.

**01** [파일]-[열기] 메뉴를 선택하여 '섹션 07〉샘플〉실습01-01.jpg, 실습01-02.jpg' 이미지를 불러옵니다. 두 이미지를 하나로 자연스럽게 합성시켜 보겠습니다.

**02** 먼저 나뭇잎 이미지를 선택하고 도구 패널에서 자동 선택 도구를 선택합니다. 옵션 패널에서 '인접' 항목을 클릭하여 체크를 해제하고 배경 흰색 부분을 클릭하여 선택합니다.

**TIP**

인접 옵션은 클릭한 지점에 해당하는 이미지와 동일 색상만을 선택하고, 체크를 해제할 경우에는 이미지 전체에서 클릭한 지점과 동일한 색상을 모두 선택할 수 있습니다.

**03** 그리고 [선택]-[반전] 메뉴를 클릭하여 선택 영역을 반전시켜 나뭇잎 이미지를 선택해 줍니다.

**TIP**

반전은 현재 선택된 영역을 제외한 나머지 영역을 선택하는 기능입니다.

**04** 도구 패널에서 이동 도구를 선택하고 물방울 이미지로 드래그 하여 이동시킨 후 [편집]-[자유 변형] 메뉴를 클릭하여 이미지를 회전시켜 줍니다.

**Tip**

[편집]-[자유 변형] 메뉴의 단축키는 Ctrl + T 로 자주 사용하는 기능이므로 단축키를 외워두는 것이 좋습니다.

**05** 이제 이미지에 그림자 효과를 적용하기 위해서 레이어 패널에서 해당 레이어를 선택하고 패널 하단의 '레이어 스타일을 추가합니다.' 버튼을 클릭하여 그림자를 선택합니다.

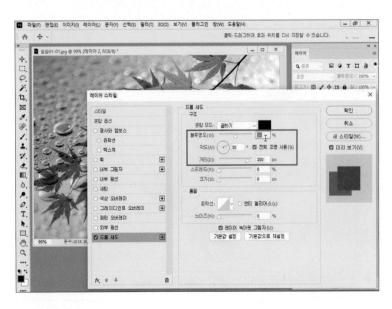

**06** 레이어 스타일 대화상자가 나타나면 각도와 거리, 크기, 불투명도를 화면처럼 설정하고 확인 버튼을 눌러 완성합니다.

01 [파일]-[열기] 메뉴를 선택하여 '섹션
07〉샘플〉실습02.jpg 이미지를 불러
옵니다. 도구 패널에서 수평 문자 도구를 선
택하고 이미지 하단에 문자를 입력합니다.

02 옵션 패널이나 문자 패널에서 글꼴과
크기, 색상을 지정합니다.

03 이제 문자에 효과를 적용하기 위해서
레이어 패널에서 문자 레이어를 선택
하고 패널 하단의 '레이어 스타일을 추가합니
다.' 버튼을 클릭하여 '획'을 신택합니다.

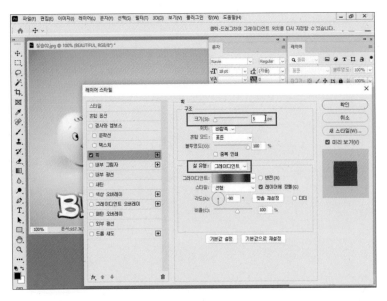

**04** 선의 두께인 크기를 조절하고, 칠 유형에서 그레이디언트 항목을 선택합니다. 그레이디언트 편집 대화상자를 불러와 원하는 그레이디언트 색상을 만들고 각도와 비율을 조절합니다.

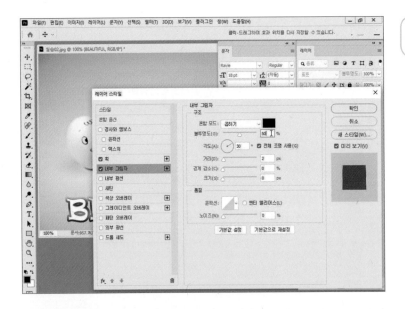

**05** 계속하여 '내부 그림자'를 선택하고 불투명도와 거리, 크기를 조절합니다.

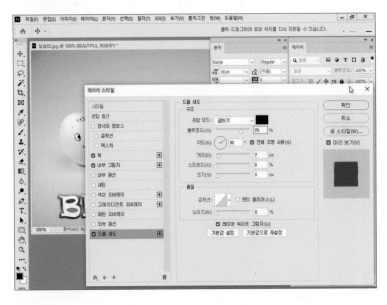

**06** 마지막으로 '그림자 효과'를 선택하고 화면과 동일하게 설정 값을 조절한 후 확인 버튼을 눌러 효과를 완성합니다.

**01** [파일]-[열기] 메뉴를 선택하여 '섹션 07〉샘플〉실습03-01.jpg, 실습 03-02.jpg 두 이미지를 불러옵니다.

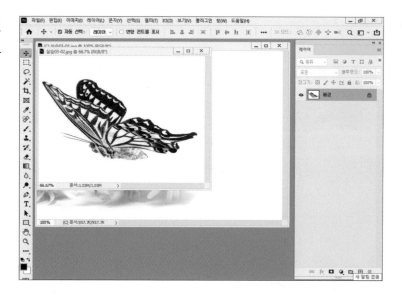

**02** 꽃 이미지를 선택하고 도구 패널에서 사각형 선택 윤곽 도구를 선택합니다. 그런 다음 사용하고자 하는 만큼 마우스를 드래그 하여 선택 영역을 만들어 줍니다.

**03** [레이어]-[새로 만들기]-[복사한 레이어] 메뉴를 클릭하여 이미지를 복사합니다. 레이어 패널을 보면 이미지가 복제되어 하나의 레이어로 따로 분리된 것을 볼 수 있습니다.

**TIP**

복사한 레이어 기능은 선택된 이미지 영역을 복사하여 새로운 레이어로 만들어 주고, 오린 레이어 기능은 선택된 이미지 영역을 잘라내어 새로운 레이어로 만듭니다.

**04** [편집]-[자유 변형] 메뉴를 클릭하여 이미지를 회전시켜 주고, 이동 도구로 원하는 위치에 이동시켜 줍니다.

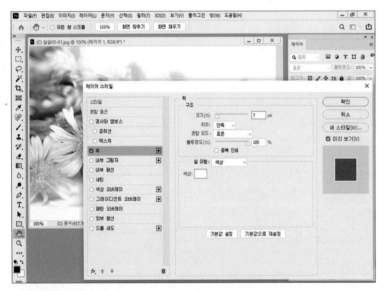

**05** 이제 레이어 패널에서 하단의 '레이어 스타일을 추가합니다.' 버튼을 클릭하여 '획'을 선택합니다. 크기와 색상, 위치를 안쪽으로 지정합니다.

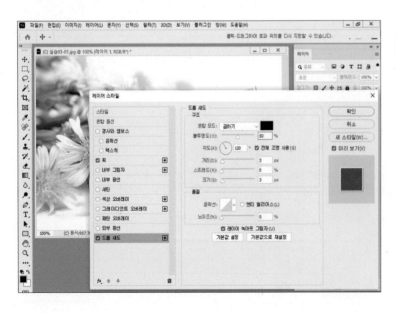

**06** 계속하여 '그림자 효과'를 선택하여 화면처럼 옵션 값을 조절하고 확인 버튼을 클릭합니다.

**07** 이번에는 나비 이미지를 선택하고 도구 패널에서 자동 선택 도구를 선택합니다. 옵션 패널에서 '인접' 항목이 체크된 상태에서 배경 흰색 부분을 클릭하여 선택합니다.

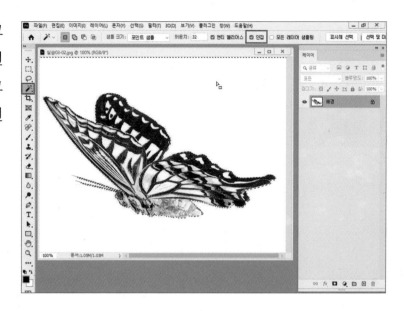

**08** 그리고 [선택]-[반전] 메뉴를 클릭하여 선택 영역을 반전시켜 나비 이미지를 선택해 줍니다.

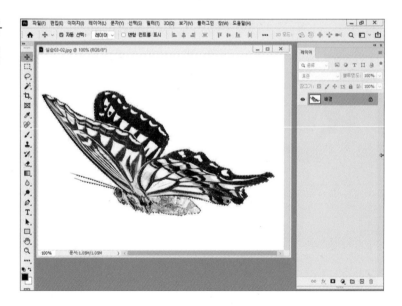

**09** 도구 패널에서 이동 도구를 선택하고 앞서 작업 중인 이미지로 드래그하여 이동시킨 후 [편집]-[자유 변형] 메뉴를 클릭하여 이미지의 크기를 조절합니다.

**10** 이제 이미지에 그림자 효과를 적용하기 위해서 레이어 패널에서 해당 레이어를 선택하고 패널 하단의 '레이어 스타일을 추가합니다.' 버튼을 클릭하여 '그림자 효과'를 선택합니다.

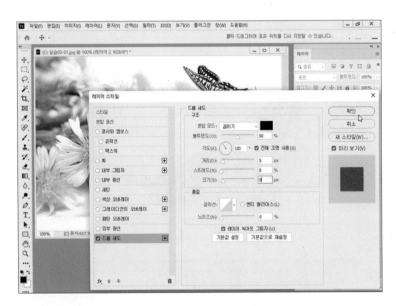

**11** 레이어 스타일 대화상자가 나타나면 각도와 거리, 크기, 불투명도를 화면처럼 설정하고 확인 버튼을 클릭합니다.

**12** 레이어 패널을 보면 레이어 스타일 효과가 적용된 리스트가 나타나는데, 이 효과 또는 fx 아이콘에 대고 마우스 오른쪽 버튼을 클릭하여 '레이어 만들기'를 적용합니다.

**TIP**

레이어 만들기는 레이어 스타일 효과를 일반 레이어로 변환시키는 기능입니다.

**13** 레이어 패널에 그림자 레이어가 따로 분리되는 것이 보일 것입니다.

**14** 그림자를 좀 더 자연스럽게 표현하기 위해서 그림자 레이어를 선택하고 [편집]-[변형]-[왜곡] 메뉴를 클릭하여 모양을 변형시켜 줍니다.

## 따라하기 04 레이어 스타일 복사하기

**01** [파일]-[열기] 메뉴를 선택하여 '섹션 07〉샘플〉실습04-01.jpg, 실습04-02.jpg, 실습04-03.jpg 파일을 불러옵니다.

**02** 먼저 접시 이미지를 선택하고 도구 패널에서 이동 도구를 선택합니다. 그런 다음 배경 이미지로 드래그 하여 이동시킵니다.

**03** [편집]-[자유 변형] 메뉴를 실행하여 변형 컨트롤의 모서리 부분을 드래그 하여 크기를 축소시키고, 계속하여 회전시킨 후 [Enter] 키를 누르거나 변형 컨트롤 바깥쪽 부분에 클릭합니다.

**Tip**

기존에는 이미지 크기를 조절할 때 Shift키를 누른 채 드래그 하여야 가로, 세로 비율이 유지된 채로 조절되었지만, CC 2019 버전부터는 [Shift] 키를 누르지 않아도 비례적으로 크기가 조절되고 또한 [Enter] 키 대신 변형 컨트롤 바깥 부분을 클릭하여도 됩니다.

**04** 이제 레이어 패널 하단의 '레이어 스타일을 추가합니다.' 버튼을 클릭하여 '획'을 선택한 후 크기와 위치, 색상을 지정합니다.

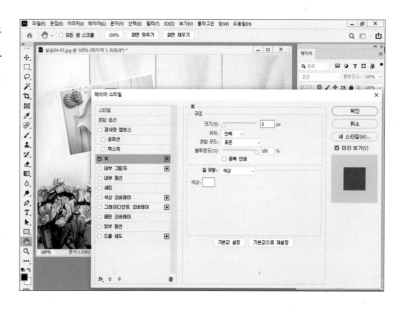

**05** 다시 '그림자 효과'를 선택하여 화면처럼 옵션 값을 조절한 후 확인 버튼을 클릭합니다.

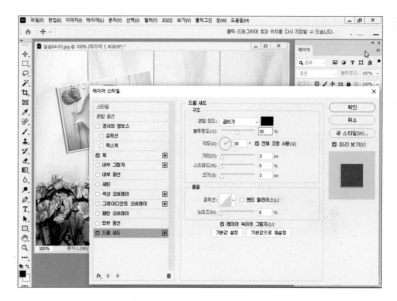

**06** 이번에는 불가사리 이미지를 불러오기 위해서 이동 도구를 선택하고 작업 중인 이미지로 드래그 하여 이동시킵니다.

07 [편집]-[자유 변형] 메뉴를 실행하여 변형 컨트롤의 모서리 부분을 드래 그 하여 크기를 축소시키고, 계속하여 회전 시킨 후 Enter 키를 누르거나 변형 컨트롤 바깥쪽 부분에 클릭합니다.

08 레이어 스타일을 적용하기 위해서 앞 서 적용하였던 접시 이미지의 효과 부분 또는 fx 아이콘 위에 마우스 오른쪽 키를 눌러 '레이어 스타일 복사'를 선택합니다.

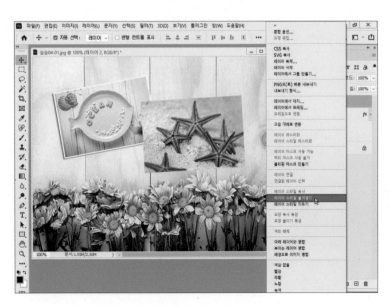

09 그런 다음 불가사리 레이어를 선택 하고 다시 마우스 오른쪽 키를 눌러 '레이어 스타일 붙여넣기'를 선택하여 레이 어 스타일 효과를 복사합니다.

TIP

동일한 레이어 스타일 효과를 적용할 경우에는 일일이 옵션 값 을 조절하는 것 보다 레이어 스타일 복제 기능을 이용하면 작 업이 훨씬 용이합니다.

**10** 도구 패널에서 다각형 올가미 도구를 선택하고 테이프 모양의 선택 영역을 만들어 줍니다.

> **TIP**
> 마우스 클릭이 잘못 되었을 경우에는 Delete 키를 눌러 취소하고 다시 클릭하면 됩니다.

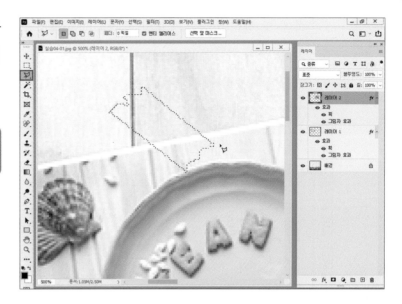

**11** 레이어 패널 하단의 '새 레이어를 만듭니다.' 버튼을 클릭하여 투명 레이어를 추가하고, 전경색을 지정합니다.

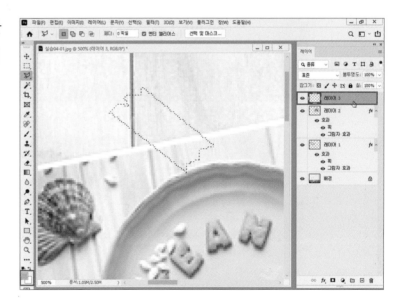

**12** Alt + Delete 를 눌러 색상을 채워 넣고, 패널 상단 오른쪽의 불투명도 값을 조절하여 자연스럽게 표현합니다.

> **TIP**
> Alt + Delete 는 지정된 전경색을 한 번에 채워 넣기 위한 단축키이며, 반대로 Ctrl + Delete 는 배경색을 채워 넣습니다.

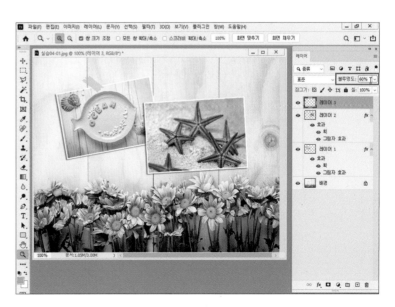

**13** 오른쪽에 또 하나의 테이프 모양을 만들기 위해서 이동 도구를 선택하고 ⌈ Alt ⌉ 키를 누른 채 이미지를 드래그 하여 하나를 더 복사합니다.

Power Upgrade

## 레이어 패널에서 스타일 적용하기

[레이어]-[레이어 스타일] 메뉴를 이용하는 방법 외에 레이어 스타일 효과를 적용하고자 하는 레이어를 선택하고 레이어 패널 하단의 fx 아이콘을 클릭하면 여러 가지 레이어 스타일 목록이 나타납니다. 여기서 적용하고자 하는 레이어 스타일 효과를 선택하여 레이어 스타일 대화상자가 나타나면 세부 옵션 사항 등을 설정하여 다양한 효과를 적용할 수 있습니다.

MEMO

**1**

준비된 파일에 문자를 입력한 후 레이어 스타일을 이용하여 독특한 효과를 적용해 보세요.

▲ 준비파일 : 섹션 07〉샘플〉기초01.jpg          ▲ 완성파일 : 섹션 07〉완성〉기초01.psd

힌트 • 수평 문자 도구, 레이어 스타일(경사와 엠보스, 획, 외부 광선), 변형의 가로로 뒤집기 활용

**2**

준비파일을 불러온 후 여러 가지 모양 도구를 사용하여 이미지를 꾸며 보세요.

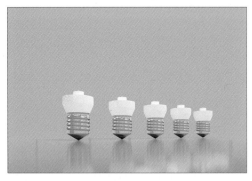 

▲ 준비파일 : 섹션 07〉샘플〉기초02.jpg          ▲ 완성파일 : 섹션 07〉완성〉기초02.psd

힌트 • 수평 문자 도구, 레이어 스타일(획, 외부 광선, 내부 광선), 모양으로 변환 기능과 변형(왜곡)을 활용한 모양 변형

**3**

레이어 스타일 복제 기능을 활용하여 이미지를 꾸며 보세요.

▲ 준비파일 : 섹션 07〉샘플〉기초03.jpg          ▲ 완성파일 : 섹션 07〉완성〉기초03.psd

힌트 • 사각형 선택 윤곽 도구, 복사한 레이어, 레이어 스타일(획, 그림자 효과), 레이어 스타일 복사와 레이어 스타일 붙여넣기 사용

# 심화문제

1) 준비된 파일들을 불러와 두 이미지를 자연스럽게 하나로 합쳐 보세요.

 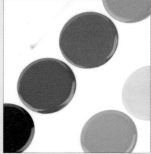 

▲ 준비파일 : 섹션 07〉샘플〉심화01-01.jpg, 심화01-02.jpg

▲ 완성파일 : 섹션 07〉완성〉심화01.psd

**힌트** • 자석 올가미 도구, [편집]-[자유 변형]을 사용한 크기 조절, 레이어 스타일 적용(경사와 엠보스, 그림자 효과) 후 레이어 스타일 복사 기능 사용

2) 준비된 파일들을 불러와 두 이미지를 자연스럽게 하나로 합쳐 보세요.

▲ 완성파일 : 섹션 07〉완성〉심화02.psd

▲ 준비파일 : 섹션 07〉샘플〉심화02-01.jpg, 심화02-02.jpg

**힌트** • 펜 도구와 패스 패널 활용, 브러시 도구를 사용한 모양 지정

3) 준비된 파일들을 불러온 후 완성파일처럼 여러 가지 효과를 적용해 보세요.

**힌트** • 자석 올가미 도구를 사용한 이미지 선택, 복사한 레이어를 적용한 이미지 복사, 레이어 스타일(내부 광선, 외부 광선) 적용, 레이어 만들기 활용, 수평 문자 도구와 문자 패널 사용, 레이어 스타일(외부 광선) 적용

▲ 준비파일 : 섹션 07〉샘플〉심화03.jpg     ▲ 완성파일 : 섹션 07〉완성〉심화03.psd

# 08 이미지 색상 보정하기

이번 학습에서는 사진의 색상을 보정하는 방법에 대해 알아보겠습니다. 어두운 사진을 밝게, 흐릿한 사진을 선명하게, 또는 흑백 사진을 컬러 사진으로 보정하는 등의 여러 가지 색상 보정 기능을 이용하여 독특한 이미지 표현과 색상 보정 사용법을 학습하겠습니다.

Preview

## ▦ 학습내용

실습 01. 이미지 부분 색상 보정하기
실습 02. 조정 레이어를 이용한 색상 보정하기
실습 03. 컬러 사진 흑백 사진으로 만들기

실습 04. 밝기 보정으로 생기 있는 사진 만들기
실습 05. 선택하기 어려운 부분의 색상 보정하기

▲ 완성파일 : 섹션 08〉완성〉실습01.psd

▲ 완성 파일 : 섹션 08〉완성〉실습02.psd

▲ 완성 파일 : 섹션 08〉완성〉실습03.psd

▲ 완성 파일 : 섹션 08〉완성〉실습04.psd

▲ 완성 파일 : 섹션 08〉완성〉실습05.psd

## ✔ 체크포인트

- 색조/채도 기능으로 이미지의 색상을 보정해 봅니다.
- 조정 레이어를 이용하여 이미지를 보정해 봅니다.
- 조정 레이어를 이용하여 컬러 이미지를 흑백 이미지로 표현해 봅니다.
- 레벨과 활기 기능으로 사진을 생기 있게 표현해 봅니다.
- 선택 색상 기능으로 선택하기 어려운 이미지의 색상을 보정해 봅니다.

**01** [파일]-[열기] 메뉴를 선택하여 '섹션 08〉샘플〉실습01.jpg' 이미지를 불러옵니다.

**02** 도구 패널에서 자석 올가미 도구를 선택하고 옵션 패널에서 빈도수를 조절합니다. 그런 다음 과일 이미지 외곽을 따라 마우스를 이동시켜 선택 영역을 만듭니다.

**Tip**

자석 올가미 도구 사용 시 옵션 패널의 빈도수 값을 조절하여 사용하게 되면 좀 더 정확하게 이미지를 선택할 수 있습니다.

**03** [이미지]-[조정]-[색조/채도] 메뉴를 선택하여 나타난 대화상자에서 화면처럼 색조 값을 조절하여 이미지 색상을 보정합니다.

 **강의 노트** 색조/채도는 색의 3속성인 색상, 채도, 명도를 조절합니다. 대화상자 하단의 '색상화' 항목을 체크하게 되면 이미지의 색상이 듀오톤으로 바뀌고 체크 하지 않았을 경우에는 기존의 색상에 새롭게 조절하는 색상이 추가적으로 적용됩니다.

**01** [파일]-[열기] 메뉴를 선택하여 '섹션 08〉샘플〉실습02.jpg' 이미지를 불러옵니다. 하단의 꽃 부분을 다른 색상으로 보정시켜 보겠습니다.

**02** 도구 패널에서 자석 올가미 도구를 선택하고 옵션 패널에서 빈도수를 조절합니다. 그런 다음 이미지 외곽을 따라 마우스를 이동시켜 선택 영역을 만듭니다.

**03** 레이어 패널 하단의 '새 칠 또는 조정 레이어를 만듭니다.' 버튼을 클릭한 후 '색상 균형'을 선택합니다.

**04** 그러면 속성 패널이 나타나는데 색상 슬라이드를 움직여 원하는 색으로 보 정합니다. 또한 레이어 패널을 보면 조정 레 이어가 생성된 것을 볼 수 있습니다.

**강의 노트** 조정 레이어는 속성 패널을 이용하여 원본을 그대로 유지 하면서 이미지의 색상과 톤을 보정할 수 있는 기능으로 언 제든지 수정이 가능하며, 이미지 제어 기능과 다양한 설정 기능으로 손쉽게 이미지를 보정할 수 있습니다.

**05** 보정된 이미지의 색상을 변경하고자 할 경우에는 조정 레이어의 레이어 축소판 부분을 더블클릭하면 다시 속성 패널 이 활성화되어 색상을 변경할 수 있습니다.

**Power Upgrade**

## 색상 보정과 밝기 보정의 대표적인 기능

포토샵에서 명도나 채도 조절 및 색상을 보정할 수 있는 많은 기능들이 있습니다. 그 중에서 대표적으로 사용되는 색상 보정 기능과 밝기 보정 기능에 대해서 알아보겠습니다.

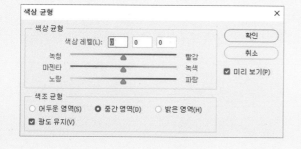

1. **색상 균형**
   어두운 영역, 중간 영역, 밝은 영역을 선택하여 이미지의 톤에 따라 색상의 밸런스를 조절하는 기능으로 컬러 이미지인 RGB, CMYK, LAB 모드에서만 사용이 가능합니다.

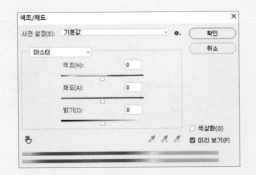

## 2. 색조/채도

색의 3속성인 색상, 채도, 명도를 조절합니다. 색상화 항목을 체크하게 되면 이미지의 색상이 듀오톤으로 바뀌고 체크 하지 않았을 경우에는 기존의 색상에 새롭게 조절하는 색상이 추가적으로 적용됩니다.

## 3. 레벨

이미지의 밝기와 어둡기를 조절할 뿐만 아니라 대비차를 조절하여 명암 상태를 확연하게 드러나도록 보정할 수 있는 기능입니다.

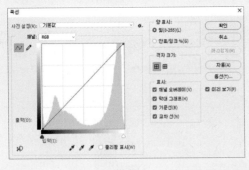

## 4. 곡선

곡선은 어두운 톤과 밝은 톤의 중간 값의 색상을 세밀하게 조절할 수 있는 감마 곡선을 이용하여 명도는 물론 색조까지 조절할 수 있는 기능입니다. 그래프의 작은 움직임에도 색상이 민감하게 반응하므로 세밀한 보정 시에 사용되며, 과도한 조절은 오히려 색상을 전혀 다른 색으로 바꿔 좋지 않습니다.

## 5. 명도/대비

이미지의 명암(Brightness)과 색상 대비(Contrast)를 조정하는 기능으로 가장 쉽고 간단하게 이미지의 명암과 색상 대비를 조절할 수 있는 기능이기도 합니다.

## 6. 어두운 영역/밝은 영역

이미지에서 밝거나 어두운 부분을 각각 조정할 수 있습니다.

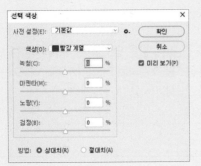

## 7. 선택 색상

선택 도구를 사용하지 않고 대화상자에서 지정된 색상에 해당하는 부분만 색상 보정이 이루어집니다. 선택 도구를 사용하여 어려운 경우 매우 유용하게 사용할 수 있는 기능입니다.

### 8. 활기

활기는 생동감이란 의미로 채도와 유사하게 색조를 강하게 혹은 약하게
조절할 수 있는 기능입니다.

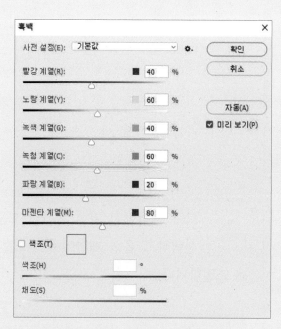

### 9. 흑백

흑백은 컬러 이미지에서 각각의 원하는 색상 값의 채도를 조
절하여 흑백으로 변환시키는 기능입니다.

## 속성 패널

조정 패널을 이용하여 원본을 그대로 유지하면서 이미지의 색상과 톤을 보정
할 수 있습니다. 메뉴 보정 기능을 사용면 원본 이미지 자체에 영향을 주게 되
므로 수정이 어려웠으나, 따로 분리되어 나온 조정 패널을 이용하게 되면 작업
이 쉬울 뿐만 아니라 레이어가 따로 분리되면서 작업이 이루어지기 때문에 이
미지 조정 작업이 간단합니다. 또한 이미지 제어 기능과 다양한 설정 기능으로
손쉽게 이미지 보정을 할 수 있습니다.

**01** [파일]-[열기] 메뉴를 선택하여 '섹션 08〉샘플〉실습03.jpg' 이미지를 불러옵니다. 컬러 이미지의 일부분을 흑백으로 표현해 보겠습니다.

**02** 도구 패널에서 자석 올가미 도구를 선택하고 옵션 패널에서 빈도수 값을 조절합니다.

**TIP**

빈도수는 기준점의 생성 개수를 조절할 수 있는 옵션으로 기준점이 많이 표시될수록 정교하게 선택할 수 있습니다.

**03** 우산 이미지를 클릭하여 시작점을 만든 후 외곽을 따라 마우스를 이동시키면 자동으로 포인터가 생성되면서 영역 라인이 만들어집니다. 작업도중 잘못 지정된 부분은 Delete 키를 눌러 포인터를 삭제하면 됩니다.

**04** 작업을 계속하여 시작점과 연결시키면 선택 영역으로 전환되고, 만일 처음 시작하였던 시작점을 찾을 수 없을 경우에는 마우스를 더블클릭하면 됩니다.

**05** [선택]-[반전] 메뉴를 클릭하여 선택 영역을 반전시켜 배경을 선택합니다.

**06** 레이어 패널 하단의 '새 칠 또는 조정 레이어를 만듭니다.' 버튼을 클릭하여 '흑백'을 선택합니다.

**07** 속성 패널에서 각각의 색상 값을 조절하여 흑백으로 변경시킵니다.

**강의 노트** 흑백은 컬러 이미지에서 각각의 원하는 색상 값의 채도를 조절하여 흑백으로 변환시키는 기능입니다.

**08** 다시 Ctrl 키를 누른 채 앞서 적용하였던 조정 레이어의 마스크 썸네일 부분을 클릭하여 배경을 다시 선택한 후 [선택]-[반전] 메뉴를 클릭하여 선택 영역을 반전시켜 우산을 선택합니다.

**09** 그런 다음 조정 레이어의 레벨을 선택하여 우산을 좀 더 밝게 보정하여 완성합니다.

**01** [파일]-[열기] 메뉴를 선택하여 '섹션 08〉샘플〉실습04.jpg' 이미지를 불러옵니다.

**02** 레이어 패널 하단의 '새 칠 또는 조정 레이어를 만듭니다.' 버튼을 클릭하여 '레벨'을 선택합니다.

 **강의 노트** 레벨은 이미지의 밝기와 어둡기를 조절할 뿐만 아니라 대비차를 조절하여 명암 상태를 확연하게 드러나도록 보정할 수 있는 기능입니다.

**03** 속성 패널에서 슬라이드를 움직여 전체적으로 밝기를 조금 밝게 보정합니다.

**04** 다시 레이어 패널 하단의 '새 칠 또는 조정 레이어를 만듭니다.' 버튼을 클릭하여 활기를 선택합니다.

**강의 노트** 활기는 생동감이란 의미로 채도와 유사하게 색조를 강하게 혹은 약하게 조절할 수 있는 기능입니다.

**05** 속성 패널에서 활기와 채도 값을 조절하여 이미지를 좀 더 생기 있게 보정합니다.

**01** [파일]–[열기] 메뉴를 선택하여 '섹션 08〉샘플〉실습05.jpg' 이미지를 불러옵니다. 파란색 꽃 부분을 다른 색상으로 보정시켜 보겠습니다.

**02** 선택하고자 하는 꽃 이미지의 경계 부분이 뚜렷하지 않기 때문에 선택 도구를 사용하여 이미지를 선택하기 어렵습니다. 그래서 [이미지]–[조정]–[선택 색상] 메뉴를 클릭하여 대화상자를 불러옵니다.

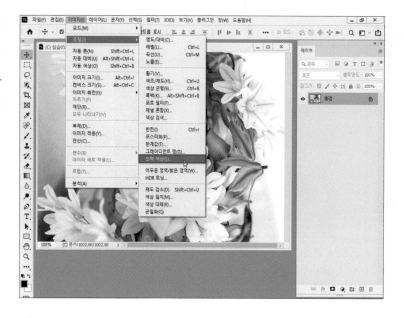

**03** 색상 항목에서 파랑 계열을 선택하고 녹청 슬라이드를 조절하여 꽃 색상을 보정해 봅니다.

 **강의 노트** 선택 색상은 선택 도구로 선택하기 어려운 이미지의 색상을 보정하고자 할 때 용이한 기능입니다.

**1**

준비된 파일의 일부분을 다른 색상으로 보정해 보세요.

 • 자석 올가미 도구, 조정 레이어를 이용한 색조/채도 기능 활용

▲ 준비파일 : 섹션 08〉완성〉기초01.psd    ▲ 완성파일 : 섹션 08〉완성〉기초01.psd

**2**

준비된 파일을 불러와 이미지를 밝게 보정해 보세요.

▲ 준비파일 : 섹션 08〉샘플〉기초02.jpg    ▲ 완성파일 : 섹션 08〉완성〉기초02.psd

힌트 • 조정 레이어를 이용한 곡선 적용

**3**

준비된 파일을 불러와 다른 색상으로 보정시켜 보세요.

▲ 준비파일 : 섹션 08〉샘플〉기초03.jpg    ▲ 완성파일 : 섹션 08〉완성〉기초03.psd

힌트 • 선택 색상 기능을 활용한 보정

# 심화문제

1) 준비된 파일을 이용하여 멋진 이미지로 변환시켜 보세요.

▲ 준비파일 : 섹션 08〉샘플〉심화01.jpg

▲ 완성파일 : 섹션 08〉완성〉심화01.psd

힌트 • 활기를 적용하여 색상 보정, Alt+Delete를 사용한 채색과 지우개 도구 사용

2) 준비파일을 이용하여 멋진 이미지로 변환시켜 보세요.

▲ 준비파일 : 섹션 08〉샘플〉심화02.jpg

▲ 완성파일 : 섹션 08〉완성〉심화02.psd

힌트 • 조정 레이어에서 색조/채도와 곡선 기능을 사용하여 색상 보정, 사각형 도구를 사용한 테두리 표현과 수평 문자 도구로 문자 입력

3) 준비파일을 완성파일처럼 독특한 이미지로 표현해 보세요.

▲ 섹션 08〉샘플〉심화03.jpg

▲ 완성파일 : 섹션 08〉완성〉심화03.psd

힌트 • 한계값 적용 후 자동 선택 도구를 사용한 이미지 선택과 Alt+Delete로 채색

변형 기능은 이미지 편집 프로그램인 포토샵에서 매우 중요한 부분입니다. 특히 서로 다른 이미지들을 합성할 때 크기를 조절하거나 모양을 변형시켜 자연스럽게 표현해야만 합니다. 이 장에서는 변형에 관련된 여러 가지 기능들을 학습해 보도록 하겠습니다.

Preview

## ■■ 학습내용

실습 01. 변형 기능을 이용한 이미지 합성하기
실습 02. 변형 기능과 레이어 스타일 활용하기
실습 03. 이미지 외곽을 둘러싼 텍스트 만들기

실습 04. 도형과 문자를 활용한 이미지 제작
실습 05. 퍼펫 뒤틀기 기능을 사용한 이미지 변형

▲ 완성파일 : 섹션 09〉완성〉실습01.psd

▲ 완성 파일 : 섹션 09〉완성〉실습02.psd

▲ 완성 파일 : 섹션 09〉완성〉실습03.psd

▲ 완성 파일 : 섹션 09〉완성〉실습04.psd

▲ 완성 파일 : 섹션 09〉완성〉실습05.psd

## ✅ 체크포인트

– 다양한 변형 기능을 사용해 봅니다.
– 레이어 스타일과 레이어 만들기 기능을 사용하여 이미지를 합성해 봅니다.
– 패스 기능과 문자를 도형으로 변환시켜 모양을 변형시켜 봅니다.
– 도형 도구와 문자를 이용한 이미지를 제작해 봅니다.
– 퍼펫 뒤틀기 기능을 사용하여 이미지를 변형시킵니다.

**01** [파일]−[열기] 메뉴를 선택하여 '섹션 09〉샘플〉실습01−01.jpg, 실습01−02.jpg' 이미지를 불러옵니다.

**02** 배경 이미지를 이동시키기 위해서 도구 패널에서 이동 도구를 선택하고 간판 이미지로 드래그 하여 이동시킵니다.

**03** [편집]−[변형]−[비율] 메뉴를 실행하여 변형 컨트롤의 모서리 부분을 드래그 하여 크기를 축소합니다.

**TIP**

기존에는 이미지 크기를 조절할 때 Shift 키를 누른 채 드래그 하여야 가로, 세로 비율이 유지된 채로 조절되었지만, CC 2019 버전부터는 Shift 키를 누르지 않아도 비례적으로 크기가 조절되고 또한 Enter 키 대신 변형 컨트롤 바깥 부분을 클릭하여도 됩니다.

**04** 계속하여 조절 박스가 활성화된 상태에서 [편집]-[변형]-[왜곡] 메뉴를 클릭하여 간판 형태에 맞춰 모양을 변형시킵니다.

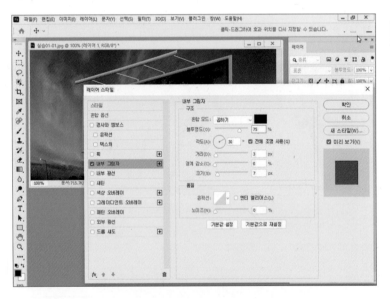

**05** 좀 더 자연스럽게 합성하기 위해서 레이어 패널 하단의 '레이어 스타일을 추가합니다.' 버튼을 클릭하여 '내부 그림자'를 선택하고 옵션을 조절합니다.

**06** 두 이미지가 자연스럽게 합성되었습니다. 이미지 합성을 위해서 다양한 모양으로 변형 시킬 수 있는 기능은 필수적으로 숙지해야할 학습내용입니다.

# 따라하기 02 변형 기능과 레이어 스타일 활용하기

**01** [파일]-[열기] 메뉴를 선택하여 '섹션 09>샘플>실습02-01.jpg, 실습02-02.jpg' 이미지를 불러옵니다.

**02** 사람 이미지에서 자동 선택 도구를 선택하고, 옵션 패널의 허용치 값을 조절한 후 배경의 흰색 부분을 클릭하여 선택합니다.

**03** [선택]-[반전] 메뉴를 클릭하여 선택 영역을 반전시켜 사람 이미지를 선택합니다.

**04** 이동 도구를 선택하고 배경 이미지로 드래그 하여 이동시킨 후 [편집]-[변형]-[가로로 뒤집기] 메뉴를 클릭하여 반전시킵니다.

**05** 계속하여 [편집]-[자유 변형] 메뉴를 실행하여 변형 컨트롤의 모서리 부분을 드래그 하여 크기를 축소하고 Enter 키를 누르거나 변형 컨트롤 바깥쪽을 클릭합니다.

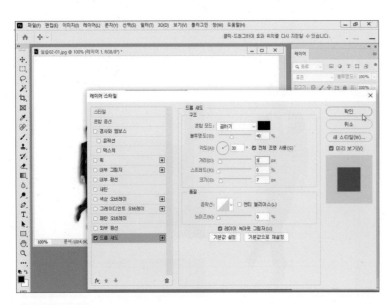

**06** 레이어 패널 하단의 '레이어 스타일을 추가합니다.' 버튼을 클릭하여 '그림자 효과'를 선택한 후 옵션을 조절합니다.

**07** 그런 다음 효과 또는 fx 아이콘 위에 마우스 오른쪽 키를 눌러 '레이어 만들기'를 클릭합니다.

**08** 분리된 그림자 레이어를 선택하고 [편집]-[변형]-[왜곡] 메뉴를 클릭하여 그림자 모양을 변형시켜줍니다.

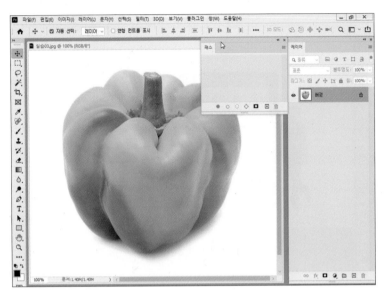

**01** [파일]-[열기] 메뉴를 선택하여 '섹션 09〉샘플〉실습03.jpg 이미지를 불러옵니다. 먼저 [창] 메뉴에서 패스 패널을 불러옵니다.

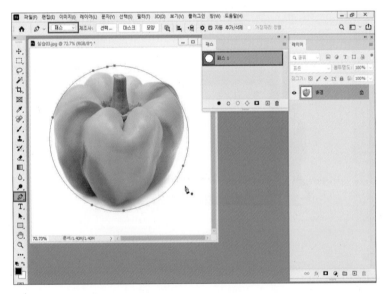

**02** 패스 패널 하단의 '새 패스를 만듭니다.' 버튼을 클릭하여 새로운 패스 영역을 만든 후 도구 패널에서 펜 도구를 선택하고 원 모양을 그려줍니다.

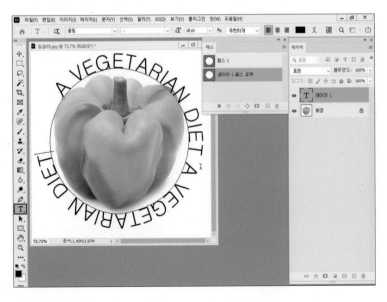

**03** 수평 문자 도구를 선택하고 앞서 그려놓은 패스 위에 마우스를 클릭하여 문자를 입력합니다.

**04** 옵션 패널이나 문자 패널에서 글꼴과 크기 등을 조절하여 원을 둘러싸는 문자를 만듭니다.

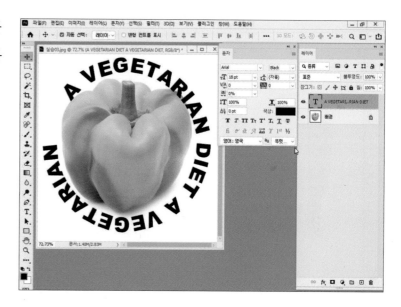

**05** 이제 문자를 변형시키기 위해서 문자레이어 위에 마우스 오른쪽 키를 눌러 '모양으로 변환' 명령을 실행하여 도형으로만들어줍니다.

> **Tip**
> 모양으로 변환은 문자를 도형으로 바꿔주어 크기를 조절하거나 회전 등 변형시켰을 경우에도 문자가 깨지지 않는 장점이있습니다.

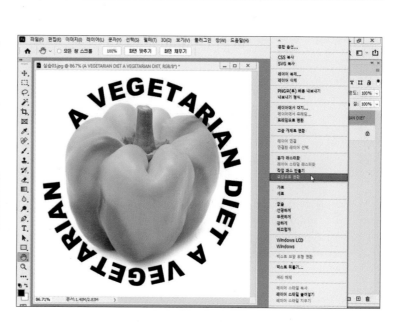

**06** [편집]-[변형]-[왜곡] 메뉴를 실행하여 모양을 변형시켜주고 Enter 키를 누르거나 변형 컨트롤 바깥쪽을 클릭합니다.

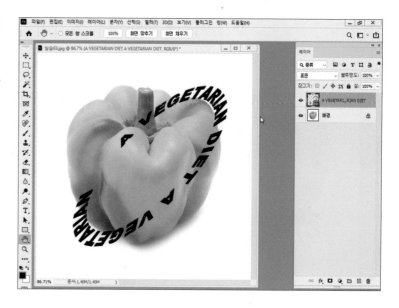

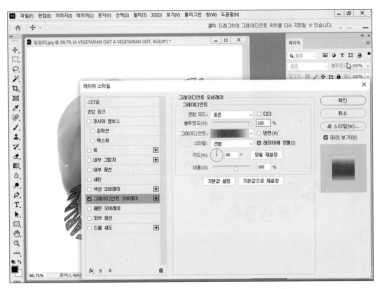

**07** 계속하여 변형시킨 레이어를 선택하고 레이어 패널 하단의 '레이어 스타일을 추가합니다.' 버튼을 클릭하여 '그레이디언트 오버레이'를 선택한 후 화면처럼 옵션을 조절합니다.

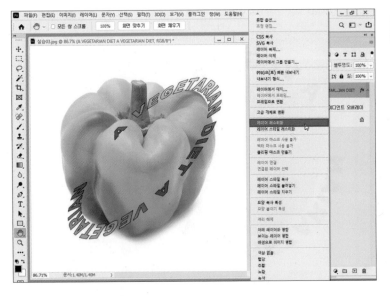

**08** 피망 이미지 뒷부분의 이미지를 삭제하기 위해서 다시 해당 레이어를 선택하고 마우스 오른쪽 키를 눌러 '레이어 래스터화'를 선택하여 투명 레이어로 바꿔줍니다.

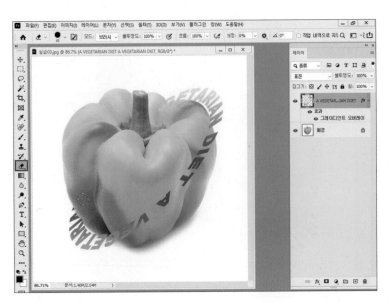

**09** 올가미 도구나 지우개 도구를 사용하여 피망 이미지 뒤쪽에 해당하는 부분을 삭제시켜 줍니다.

**01** [파일]−[열기] 메뉴를 선택하여 '섹션 09〉샘플〉실습04.jpg 이미지를 불러옵니다.

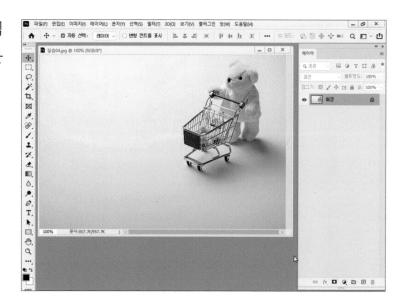

**02** 도구 패널에서 사각형 도구를 선택하고 옵션 패널 상단의 '모양' 항목을 지정합니다. 또한 전경색을 원하는 색상으로 지정한 후 Shift 키를 누른 채 이미지에 드래그 하여 정사각형을 그립니다.

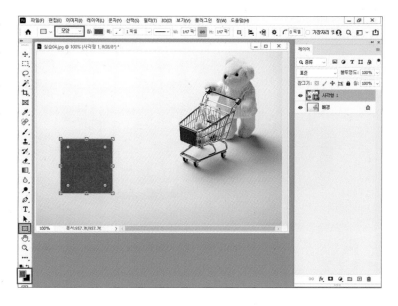

**03** 레이어 패널에 도형 레이어가 생성된 것을 볼 수 있습니다. 다른 면의 모양을 제작하기 위해서 이동 도구를 선택하고 Alt 키를 누른 채 이미지를 드래그 하여 하나를 더 복사합니다.

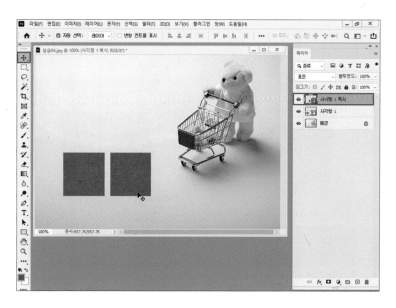

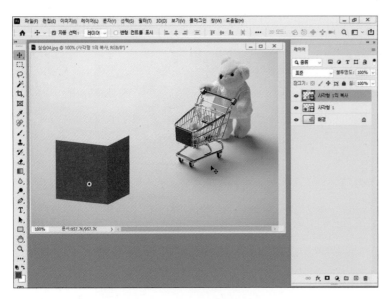

**04** 그런 다음 [편집]-[변형]-[왜곡] 메뉴를 실행하여 앞면과 옆면의 모양을 각각 만들어 줍니다.

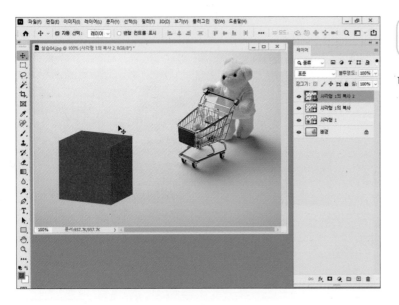

**05** 위와 동일한 방법으로 사각형을 하나 더 복사하여 윗면을 완성시켜 줍니다.

**06** 이번에는 문자를 입력하기 위해서 도구 패널에서 수평 문자 도구를 선택하고 '50%' 문자를 입력합니다.

**07** 그런 다음 옵션 패널이나 문자 패널에서 글꼴이나 크기, 색상을 조절하고, 단락 패널에서 텍스트 중앙 정렬을 적용합니다.

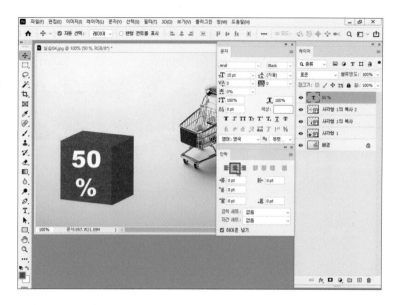

**08** 문자 또한 상자 모양에 맞춰 모양을 변형시키기 위해서 문자 레이어 위에 마우스 오른쪽 키를 눌러 '모양으로 변환'을 선택합니다.

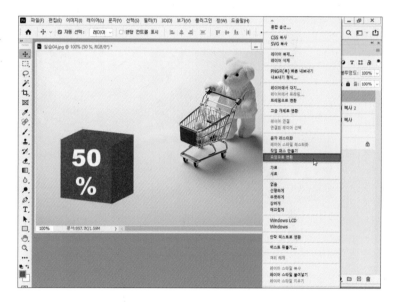

**09** 그리고 [편집]-[변형]-[왜곡] 메뉴를 클릭하여 상자 모양에 맞춰 모양을 변형시킵니다.

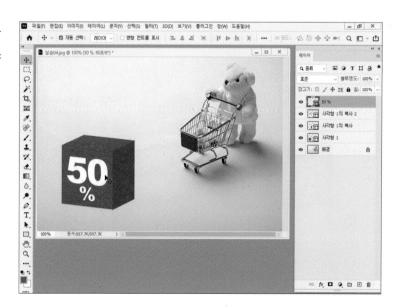

**10** 작은 상자를 하나 더 만들기 위해서 앞서 작업이 완료된 레이어를 Shift 키를 사용하여 모두 다중 선택합니다. 그런 다음 Alt 키를 누른 채 드래그 하여 하나를 더 복사합니다.

**11** 계속하여 레이어가 모두 선택된 상태에서 [편집]-[자유 변형] 메뉴를 실행하여 변형 컨트롤의 모서리 부분을 드래그 하여 크기를 축소합니다.

**12** 나머지 상자 또한 위와 동일한 방법으로 하나를 더 복사하여 [편집]-[자유 변형] 기능을 사용하여 회전시켜줍니다.

**13** 마지막으로 그림자를 만들기 위해서 레이어 패널 하단의 '새 레이어를 만듭니다.' 버튼을 클릭하여 투명 레이어를 추가하고, 도구 패널에서 다각형 올가미 도구를 선택합니다.

**14** 옵션 패널에서 페더 값을 설정하고 이미지에 마우스를 드래그 하여 선택 영역을 만들어 줍니다.

**15** 그리고 전경색을 어두운 색상으로 지정한 후 Alt + Delete 를 눌러 색상을 채워줍니다.

**01** [파일]-[열기] 메뉴를 선택하여 '섹션 09〉샘플〉실습05.jpg 이미지를 불러옵니다. 도구 패널에서 자석 올가미 도구를 선택하고 옵션 패널에서 빈도수를 높게 설정합니다.

**02** 기린 이미지에 마우스를 클릭한 후 외곽을 따라 드래그 하여 선택합니다. 잘못 선택된 부분이 있다면 올가미 도구를 사용하여 Shift 키를 누른 채 드래그 하여 선택 영역을 더하거나 Alt 키를 누른 채 드래그 하여 선택 영역을 제외시켜 좀 더 정확하게 선택합니다.

**03** [레이어]-[새로 만들기]-[복사한 레이어] 메뉴를 클릭하여 기린 이미지를 하나 더 복사합니다.

**TIP**

복사한 레이어 기능은 선택된 이미지 영역을 복사하여 새로운 레이어로 만들어 주고, 오린 레이어 기능은 선택된 이미지 영역을 잘라내어 새로운 레이어로 만듭니다.

**04** 복사된 레이어를 선택하고 [편집]-[퍼펫 뒤틀기] 메뉴를 클릭합니다. 그러면 기린 이미지에 삼각형의 그물 모양이 생기는 것을 볼 수 있습니다.

**강의 노트** 퍼펫 뒤틀기는 삼각형의 그물 모양을 드래그 하여 이미지를 자유롭게 변형시킬 수 있는 기능입니다.

**05** 그물 모양에 마우스를 클릭하여 움직이지 않을 부분을 압정 모양으로 고정시킵니다.

**TIP**
움직이지 않도록 고정시켜 놓은 압핀 모양의 고정점은 [Alt] 키를 누른 채 클릭하면 삭제가 가능합니다.

**06** 그리고 고정시켜 놓은 부분을 제외한 목 부분을 마우스로 드래그 하여 모양을 변형시키고 [Enter] 키를 눌러줍니다.

07 마지막으로 배경을 정리하기 위해서 복제 도장 도구를 선택하고 옵션 패널에서 브러시의 종류와 크기를 지정한 후 Alt 키를 누른 채 복제하고자 하는 배경을 클릭합니다.

08 그런 다음 기린 이미지 위에 마우스를 드래그 하여 배경을 복제합니다.

09 동일한 방법으로 브러시의 크기를 조절해 가면서 여러 번 반복 작업하여 배경을 깨끗이 복원시켜 줍니다.

**Power Upgrade**

# [변형] 메뉴

[편집] 메뉴의 [변형] 명령은 선택된 이미지를 다양한 모양으로 변형시킬 수 있는 기능들입니다.

| | |
|---|---|
| 반복(A) | Shift+Ctrl+T |
| 비율(S) | |
| 회전(R) | |
| 기울이기(K) | |
| 왜곡(D) | |
| 원근(P) | |
| ✓ 뒤틀기 | |
| 뒤틀기를 수평으로 분할 | |
| 뒤틀기를 수직으로 분할 | |
| 뒤틀기를 십자형으로 분할 | |
| 뒤틀기 분할 제거 | |
| 뒤틀기 기준점 전환 | |
| 안내선 켜기/끄기 | |
| 180도 회전(1) | |
| 시계 방향으로 90° 회전(9) | |
| 시계 반대 방향으로 90° 회전(0) | |
| 가로로 뒤집기(H) | |
| 세로로 뒤집기(V) | |

1. **비율** : 이미지의 크기를 조절합니다.
2. **회전** : 이미지를 회전시킵니다.
3. **기울이기** : 이미지의 기울기를 조절합니다.
4. **왜곡** : 변형 컨트롤을 이동시켜 이미지를 자유롭게 변형시킵니다.
5. **원근** : 이미지의 원근감을 조절합니다.
6. **뒤틀기** : 여러 가지 분할 옵션을 선택하여 핸들이나 포인트를 자유롭게 움직여 이미지를 변형시킵니다.
7. **뒤틀기를 수평으로 분할, 뒤틀기를 수직으로 분할, 뒤틀기를 십자형으로 분할, 뒤틀기 분할 제거** : 원하는 모양으로 이미지를 변형시키기 위해 분할하여 사용할 수 있습니다.
8. **뒤틀기 기준점 전환, 안내선 켜기/끄기** : 뒤틀기 기능 사용 시 기준점 전환과 안내선의 표시 여부를 선택할 수 있습니다.
9. **180도 회전** : 이미지를 180도 회전시킵니다.
10. **시계 방향으로 90도 회전** : 이미지를 시계 방향으로 90도 회전시킵니다.
11. **시계 반대 방향으로 90도 회전** : 이미지를 시계 반대방향으로 90도 회전시킵니다.
12. **가로로 뒤집기** : 이미지를 수평 반사시킵니다.
13. **세로로 뒤집기** : 이미지를 수직 반사시킵니다.

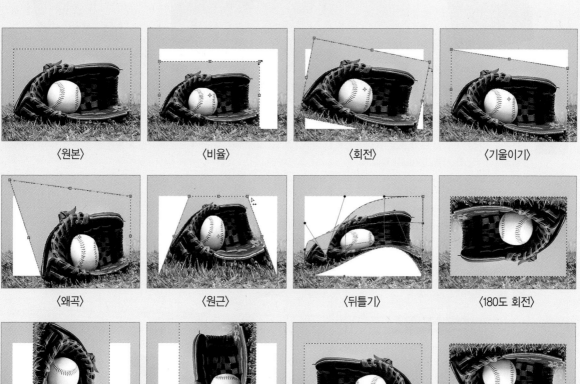

〈원본〉　〈비율〉　〈회전〉　〈기울이기〉

〈왜곡〉　〈원근〉　〈뒤틀기〉　〈180도 회전〉

〈시계 방향으로 90도 회전〉　〈시계 반대방향으로 90도 회전〉　〈가로로 뒤집기〉　〈세로로 뒤집기〉

**1**

주어진 파일을 불러와 완성파일처럼 꾸며 보세요.

▲ 준비파일 : 섹션 09〉완성〉기초01.psd    ▲ 완성파일 : 섹션 09〉완성〉기초01.psd

 • 사용자 정의 모양 도구를 사용한 화살표 만들기, 수평 문자 도구와 모양으로 변환 기능사용. 변형 기능을 활용한 모양 변형하기

**2**

준비된 파일들을 불러와 폴라로이드 사진처럼 이미지를 합성해 보세요.

▲ 준비파일 : 섹션 09〉샘플〉기초02-01.jpg, 기초02-02.jpg    ▲ 완성파일 : 섹션 09〉완성〉기초02.psd

힌트 • 변형을 사용한 이미지 크기 조절, 레이어 스타일(내부 그림자) 적용, 사용자 정의 모양 도구를 사용한 클립 모양 제작과 레이어 래스터화 기능을 사용한 이미지 편집

**3**

준비된 파일을 이용하여 문자나 도형 등을 그려 넣어 이미지를 꾸며 보세요.

▲ 준비파일 : 섹션 09〉샘플〉기초03.jpg    ▲ 완성파일 : 섹션 09〉완성〉기초03.psd

 • 사용자 정의 모양 도구를 사용한 모양 그리기, 수평 문자 도구와 문자 패널 사용, 모양으로 변환 적용과 변형의 왜곡 기능사용, 레이어 스타일(그림자 효과) 적용

1) 준비된 파일을 불러와 완성파일처럼 모양을 변형시켜 보세요.

▲ 준비파일 : 섹션 09〉샘플〉심화01.jpg

▲ 완성파일 : 섹션 09〉완성〉심화01.psd

힌트 • 자동 선택 도구를 사용한 이미지 선택, 복사된 레이어 기능으로 이미지 복제, [편집]-[퍼펫 뒤틀기] 사용

2) 제공된 이미지들을 변형 기능을 이용하여 자연스럽게 합성해 보세요.

▲ 준비파일 : 섹션 09〉샘플〉심화02-01.jpg, 심화02-02.jpg

▲ 완성파일 : 섹션 09〉완성〉심화02.psd

힌트 • 오린 레이어 기능을 사용한 이미지 이동, 변형의 왜곡 기능사용, 레이어 스타일(내부 그림자) 적용

3) 준비파일을 완성파일처럼 이미지 모양을 변형시켜 보세요.

▲ 준비파일 : 섹션 09〉샘플〉심화03-01.jpg, 심화03-02.jpg

▲ 완성파일 : 섹션 09〉완성〉심화03.psd

힌트 • 자석 올가미 도구를 사용한 이미지 선택, 변형 기능을 사용한 크기 조절, 레이어 스타일(그림자 효과) 적용 후 레이어 만들기 실행하여 그림자 모양 변형

# 마스크 기능을 활용한 이미지 합성하기

그동안 도구 패널과 레이어에 대한 개념이나 변형, 레이어 스타일 등의 다양한 기능을 학습하였습니다. 이번 학습에서는 앞서 학습하였던 모든 기능과 마스크 기능들을 이용하여 여러 개의 이미지를 자연스럽게 합성해 보겠습니다.

▲ 완성파일 : 섹션 10〉완성〉실습01.psd

▲ 완성파일 : 섹션 10〉완성〉실습02.psd

▲ 완성파일 : 섹션 10〉완성〉실습03.psd

▲ 완성파일 : 섹션 10〉완성〉실습04.psd

▲ 완성파일 : 섹션 10〉완성〉실습05.psd

## ✓ 체크포인트

– 클리핑 마스크와 레이어 스타일 효과를 적용하여 합성해 봅니다.
– 문자 입력 후 클리핑 마스크를 이용하여 이미지를 표현합니다.
– 레이어 스타일과 클리핑 마스크를 사용하여 스킨을 만들어 봅니다.
– 레이어 마스크 기능으로 이미지를 자연스럽게 합성해 봅니다.
– 레이어 마스크 기능을 응용하여 이미지를 합성해 봅니다.

01 [파일]-[열기] 메뉴를 선택하여 '섹션
10>샘플>실습01-01.jpg, 실습01-02.
jpg' 이미지를 불러옵니다. 마스크 기능을 이
용하여 두 이미지를 합성해 보겠습니다.

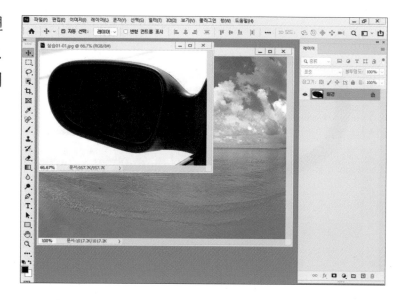

02 먼저 [창] 메뉴에서 패스 패널을 불러
와 하단의 '새 패스를 만듭니다.' 버튼
을 클릭하여 새로운 패스 영역을 만듭니다.
그런 다음 사이드 미러를 따라 곡선 작업을
합니다.

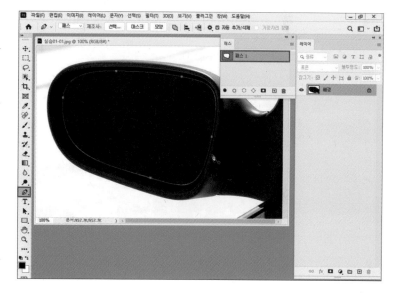

03 Ctrl 키를 누른 채 패스 패널의 작
업 패스 영역의 축소판 부분을 클릭
하여 선택 영역을 활성화 시키고, 레이어 패
널에서 '새 레이어를 만듭니다.' 버튼을 클릭
하여 투명 레이어를 추가합니다.

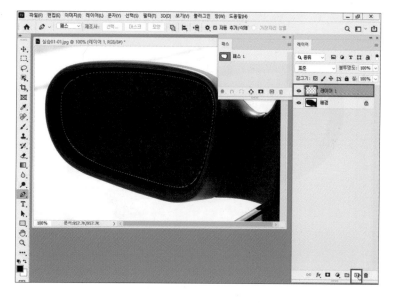

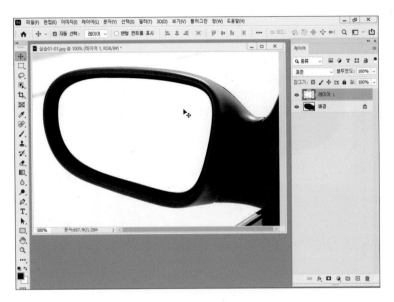

**04** 그리고 [Alt] + [Delete]를 눌러 아무런 색상이나 채워 넣습니다.

**Tip**

[Alt] + [Delete]는 지정된 전경색을 한 번에 채워 넣기 위한 단축키이며, 반대로 [Ctrl] + [Delete]는 배경색을 채워 넣습니다.

**05** 바다 이미지를 선택하고 이동 도구로 작업 중인 이미지로 끌어옵니다. 이때 전경색을 채워 넣은 레이어 바로 위에 위치하도록 해야 합니다.

**06** 레이어 패널에서 바다 이미지를 선택하고, [레이어]-[클리핑 마스크 만들기] 메뉴를 클릭합니다. 그러면 하단의 이미지 영역 안에만 바다 이미지가 보이게 됩니다.

**강의 노트** 클리핑 마스크는 선택된 레이어 이미지를 하위 레이어 안으로 넣어 하위 레이어의 이미지 안쪽 영역에만 보이도록 하는 기능입니다.

**07** 좀 더 자연스런 합성을 위해서 흰색 영역의 레이어를 선택하고, 패널 하단의 '레이어 스타일을 추가합니다.' 버튼을 클릭하여 '내부 그림자'를 선택한 후 화면처럼 옵션을 조절합니다.

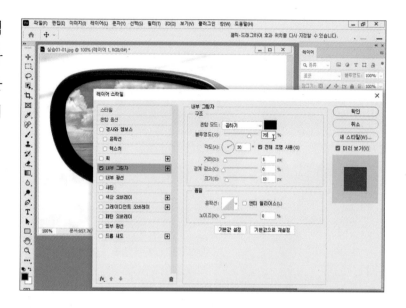

**08** 마지막으로 배경 레이어를 선택하고 [필터]-[렌더]-[렌즈 플레어] 메뉴를 클릭하여 빛 효과를 적용합니다.

**01** [파일]-[열기] 메뉴를 선택하여 '섹션 10〉샘플〉실습02-01.jpg, 실습02-02.jpg' 이미지를 불러옵니다. 문자 입력과 마스크 기능을 이용하여 두 이미지를 합성해 보겠습니다.

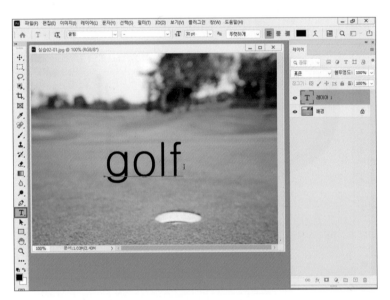

**02** 수평 문자 도구를 선택하고 이미지 위에 마우스를 클릭하여 문자를 입력합니다.

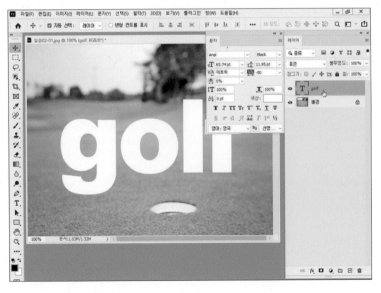

**03** 입력된 문자를 드래그 하여 블록을 잡거나 이동 도구를 선택한 후 옵션 패널 또는 문자 패널에서 글꼴과 크기 등을 설정합니다.

**04** 레이어 패널에서 배경 레이어를 선택하고 하단의 '새 레이어를 추가합니다.' 버튼으로 드래그 하여 하나의 배경 이미지를 더 복사합니다. 그리고 복사된 이미지를 앞서 입력하였던 문자 레이어 위쪽으로 이동시킵니다.

**05** 그리고 [레이어]-[클리핑 마스크 만들기] 메뉴를 클릭하여 문자 안에만 이미지가 보이도록 합니다.

**Tip**
레이어 패널에서 배경 레이어의 눈 아이콘을 클릭하여 화면에 보이지 않게 하면 클리핑 마스크가 적용된 것을 볼 수 있습니다.

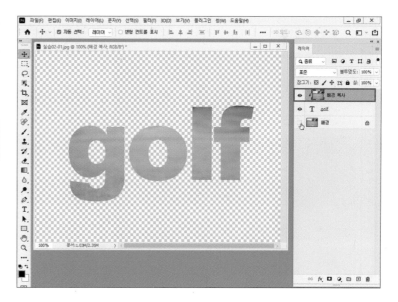

**06** 문자를 좀 더 입체적으로 표현하기 위해서 문자 레이어를 선택하고 패널 하단의 '레이어 스타일을 추가합니다.' 버튼을 클릭하여 '획'을 선택한 후 선의 두께와 색상 등을 조절합니다.

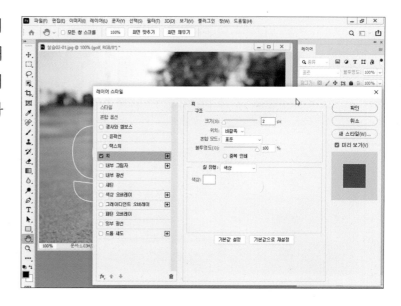

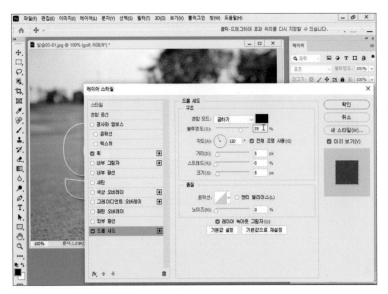

**07** 다시 '그림자 효과'를 선택하여 옵션을 조절한 후 확인 버튼을 클릭합니다.

**08** 골프공 이미지를 선택하고 도구 패널에서 원형 선택 윤곽 도구를 선택합니다. 그리고 ☐Alt☐ + ☐Shift☐ 키를 동시에 누른 채 공의 중앙부터 마우스를 클릭 드래그 하여 정원 모양으로 선택합니다.

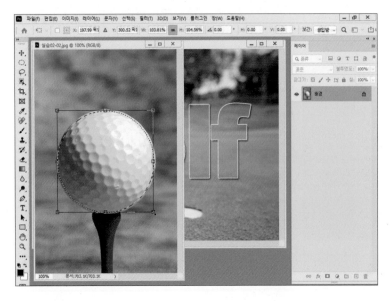

**09** 선택 영역이 일치하지 않을 경우에는 [선택]-[선택 영역 변형] 메뉴를 클릭하여 크기를 조절하면 됩니다.

**Tip**

선택 영역 변형 기능은 이미지에 영향을 주지 않고 선택 영역만을 크기 조절하거나 회전시킬 수 있습니다.

**10** 또한 선택 도구가 선택된 상태에서 이미지에 영향을 주지 않고 선택 영역만을 이동시킬 수 있습니다.

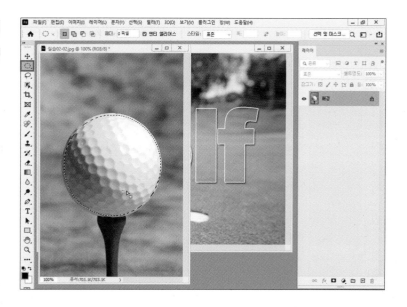

**11** 이동 도구를 선택하고 작업 중인 이미지 창으로 드래그 하여 앞서 적용했던 문자 레이어 위쪽으로 이동시킵니다.

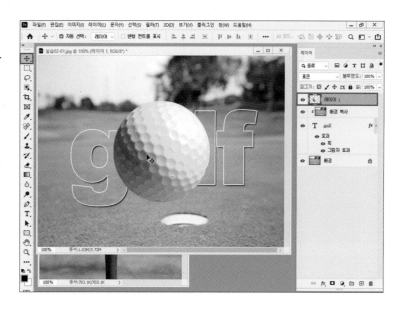

**12** 그런 다음 [편집]-[자유 변형] 메뉴를 클릭하여 'o'자 문자를 가릴 정도로만 크기를 축소시킵니다.

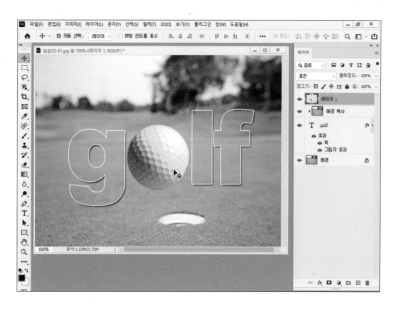

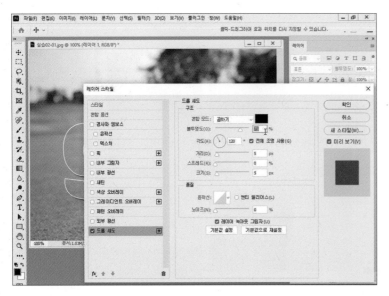

**13** 마지막으로 레이어 패널 하단의 '레이어 스타일을 추가합니다.' 버튼을 클릭하여 '그림자 효과'를 선택한 후 옵션을 조절합니다.

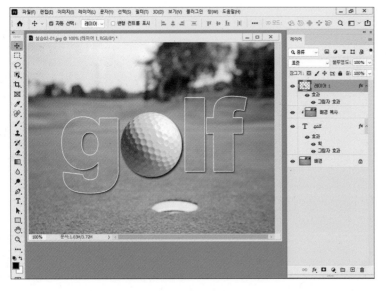

**14** 문자 안에 이미지를 넣고 좀 더 입체적인 문자를 표현할 수 있습니다. 또한 앞서 학습하였듯이 새롭게 추가된 프레임 기능을 사용하여 좀 더 쉽게 마스크 기능을 활용할 수도 있습니다.

**01** [파일]-[열기] 메뉴를 선택하여 '섹션 10〉샘플〉실습03.jpg 이미지를 불러옵니다. 마스크 기능을 이용하여 액자 스킨을 만들어 보겠습니다.

**02** 먼저 레이어 패널에서 배경 레이어를 선택하고 '새 레이어를 만듭니다.' 버튼으로 드래그 하여 배경 이미지를 하나 더 복사합니다. 그리고 [이미지]-[조정]-[채도 감소] 메뉴를 클릭하여 흑백 이미지로 전환시킵니다.

 **강의노트** 채도 감소는 컬러 이미지를 흑백 이미지로 바꿔주는 기능입니다.

**03** 도구 패널에서 사각형 도구를 선택하고 옵션 패널에서 '모양' 항목을 지정합니다. 그런 다음 이미지 위에 드래그 하여 직사각형 모양을 만듭니다.

 **강의노트** 선택 도구 모드를 '모양'으로 지정하여야 도형을 그렸을 때 레이어가 생성되어 클리핑 마스크 기능을 적용할 수 있습니다.

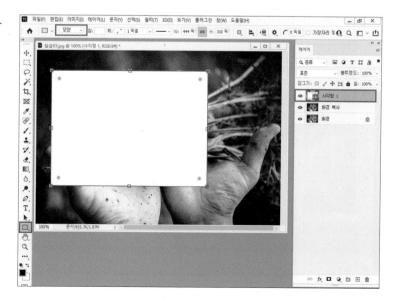

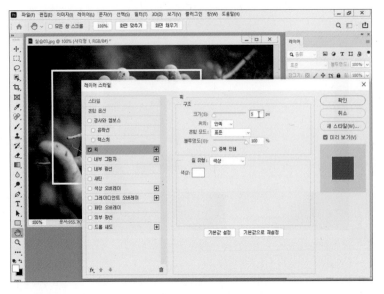

**04** 다시 배경 컬러 이미지를 선택하고 '새 레이어를 만듭니다.' 버튼으로 드래그 하여 하나를 더 복사한 후 직사각형 레이어 위쪽으로 이동시켜줍니다.

**05** 그런 다음 [레이어]-[클리핑 마스크 만들기] 메뉴를 클릭하여 직사각형 모양 안에만 컬러 이미지가 보이도록 합니다.

**06** 사각형 레이어를 선택하고 패널 하단의 '레이어 스타일을 추가합니다.' 버튼을 클릭하여 '획'을 선택하고 옵션을 조절합니다.

**07** 계속하여 '그림자 효과'를 선택하여 화면처럼 옵션을 조절하여 입체적으로 표현하고, [편집]-[자유 변형] 메뉴를 클릭하여 회전시켜줍니다.

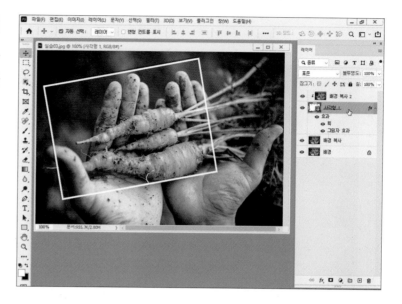

**08** 하나를 더 만들기 위해서 앞서 작업하였던 사각형 레이어와 컬러 이미지 레이어를 Shift 키를 사용하여 다중 선택합니다. 그런 다음 이동 도구를 선택하고 Alt 키를 누른 채 이미지를 드래그 하여 복사합니다.

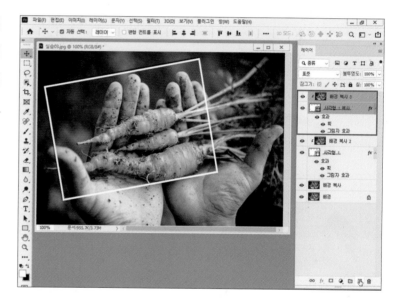

**09** 계속하여 레이어가 다중 선택되어 있는 상태에서 [편집]-[자유 변형] 메뉴를 클릭하여 크기를 축소하고 회전시켜 줍니다.

# 따라하기 04 레이어 마스크 기능으로 이미지 합성하기

01 [파일]-[열기] 메뉴를 선택하여 '섹션 10〉샘플〉실습04-01.jpg, 실습04-02.jpg' 이미지를 불러옵니다.

02 먼저 쿠키 이미지를 선택하고 도구 패널에서 개체 선택 도구를 선택합니다. 옵션 패널에서 사각형 모드를 지정하고 쿠키 영역을 드래그하여 이미지를 선택합니다.

03 이동 도구를 사용하여 불 이미지로 이동시킨 후 [편집]-[자유 변형] 명령을 적용하여 크기를 축소합니다.

**04** 쿠키 레이어가 선택된 상태에서 패널 하단의 '레이어 마스크를 추가합니다.' 버튼을 클릭하면 레이어 마스크 축소판이 생성되는 것을 볼 수 있습니다.

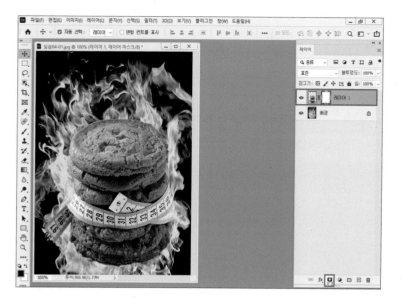

**05** 이미지의 경계 부분을 자연스럽게 합성하기 위해서 도구 패널에서 브러시 도구를 선택합니다. 그리고 옵션 패널에서 브러시의 종류와 크기를 조절한 후 전경색이 검정색임을 확인한 후 이미지 하단 부분을 드래그 합니다.

 **강의노트** 레이어 마스크는 이미지를 가려주는 기능으로 검정색 영역은 마스크 되어 가려지게 되고, 흰색 영역은 이미지가 그대도 보이게 됩니다.

**06** 전경색을 검정색과 흰색으로 바꿔가면서 반복적으로 마우스를 터치하여 쿠키 이미지를 자연스럽게 합성합니다.

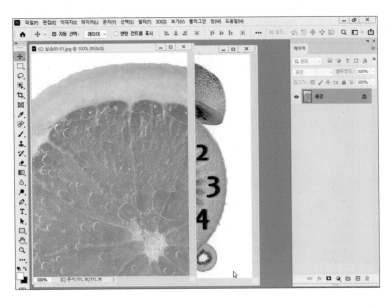

**01** [파일]-[열기] 메뉴를 선택하여 '섹션 10〉샘플〉실습05-01.jpg, 실습 05-02.jpg' 이미지를 불러옵니다.

**02** 먼저 키위 이미지에서 도구 패널의 자동 선택 도구를 선택한 후 흰색의 배경 이미지를 클릭하여 선택합니다.

**03** [선택]-[반전] 메뉴를 클릭하여 키위 이미지가 선택되게 선택 영역을 반전시켜줍니다.

**04** 이동 도구를 사용하여 오렌지 이미지로 드래그 한 후 [편집]-[자유 변형] 메뉴를 클릭하여 크기를 축소합니다.

**05** 반사 이미지를 만들기 위해서 키위 레이어를 선택한 상태에서 패널 하단의 '새 레이어를 만듭니다.' 버튼으로 드래그 하여 레이어를 하나 더 복사한 후 [편집]-[변형]-[세로로 뒤집기] 메뉴를 클릭하여 반사시켜줍니다.

**06** 이동 도구로 반사된 이미지를 이동시켜 주고, 레이어 패널 하단의 '레이어 마스크를 추가합니다.' 버튼을 클릭하여 마스크를 적용합니다.

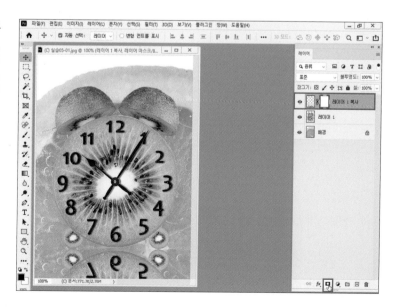

**07** 그리고 도구 패널에서 그레이디언트 도구를 선택하고 드롭다운 메뉴에서 검정, 흰색의 색상을 지정합니다.

**08** 그런 다음 이미지에 드래그 하여 자연스럽게 하단 부분이 사라지도록 합니다.

**1**

두 개의 이미지를 하나의 이미지로 합성해 보세요.

▲ 준비파일 : 섹션 10〉샘플〉기초01-01.jpg, 기초01-02.jpg

▲ 완성파일 : 섹션 10〉완성〉기초01.psd

**힌트** • 원형 선택 윤곽 도구로 이미지 선택, 변형 기능을 이용한 이미지 축소, 레이어 마스크와 브러시 도구를 사용한 이미지 경계부분 표현

**2**

준비된 파일들을 불러와 하나의 이미지로 자연스럽게 합성해 보세요.

▲ 준비파일 : 섹션 10〉샘플〉기초02-01.jpg, 기초02-02.jpg

▲ 완성파일 : 섹션 10〉완성〉기초02.psd

**힌트** • 자석 올가미 도구로 이미지 선택, 복사한 레이어 기능을 사용한 이미지 복사, 클리핑 마스크 적용 후 레이어 스타일(내부 그림자) 적용

**3**

새로운 이미지 창을 만들어 두 개의 이미지를 합성해 보세요.

▲ 준비파일 : 섹션 10〉샘플〉기초03-01.jpg, 기초03-02.jpg

▲ 완성파일 : 섹션 10〉완성〉기초03.psd

**힌트** • 레이어 마스크 기능으로 이미지 경계 부분 처리, 문자 입력 후 레이어 스타일(그림자 효과) 적용, 사각형 도구로 모양 제작 후 레이어 스타일(그림자 효과) 적용

심화문제

1) 준비된 파일을 이용하여 이미지를 합성해 보세요.

▲ 섹션 10〉샘플〉심화01-01.jpg, 심화01-02.jpg

▲ 완성파일 : 섹션 10〉완성〉심화01.psd

힌트 • 자석 올가미 도구를 사용한 이미지 선택, 변형 기능으로 축소 후 레이어 마스크 적용

2) 제공된 이미지를 완성파일처럼 우표 모양의 스킨을 만들어 보세요.

▲ 준비파일 : 섹션 10〉샘플〉심화02.jpg

▲ 완성파일 : 섹션 10〉완성Ssd

힌트 • 사용자 정의 모양 도구를 사용한 우표 모양 제작, 클리핑 마스크 적용 후 레이어 스타일(획, 그림자 효과) 적용, 사용자 정의 모양 도구를 사용한 편지지 모양 제작, 배경 복사 후 채도 감소 적용하여 클리핑 마스크 적용, 레이어 스타일(획, 그림자 효과) 적용

3) 준비 파일들을 불러온 후 이미지를 자연스럽게 하나로 합성시켜 보세요.

▲ 준비파일 : 섹션 10〉샘플〉심화03-01.jpg, 심화03-02.jpg

▲ 완성파일 : 섹션 10〉완성〉심화03.psd

힌트 • [파일]-[새로 만들기] 이미지 창 생성, 그레이디언트 도구를 사용한 배경 채색, 자석 올가미 도구와 다각형 올가미 도구를 사용한 이미지 선택, 레이어 마스크 적용 후 브러시 도구로 경계부분 처리

# 11 레이어 혼합 모드를 활용한 이미지 합성

포토샵에서 가장 많이 사용하는 기능이 레이어 이며, 앞서 학습하였듯이 레이어를 이용한 기본 기능들에 대해서 알아보았습니다. 기본적인 레이어 관련 기능들과 더불어 새롭게 추가된 혼합 모드 미리 보기를 기능을 통해 고급 기능인 혼합 모드에 대해서 학습해 보겠습니다.

Preview

## ■■ 학습내용

실습 01. 레이어 혼합 모드로 이미지 합성하기
실습 02. 혼합 모드를 이용한 빈티지한 이미지 만들기
실습 03. 마스크와 혼합 모드 적용하기
실습 04. 마스크와 혼합 모드를 이용한 이미지 합성

▲ 완성파일 : 섹션 11〉완성〉실습01.psd

▲ 완성파일 : 섹션 11〉완성〉실습02.psd

▲ 완성파일 : 섹션 11〉완성〉실습03.psd

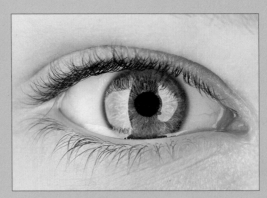

▲ 완성파일 : 섹션 11〉완성〉실습04.psd

## ✔ 체크포인트

– 혼합 모드와 레이어 마스크를 이용하여 이미지를 합성합니다.
– 눈금자 사용 방법을 익히고 그레이디언트 색상과 혼합 모드를 사용하여 이미지를 만듭니다.
– 변형 기능과 혼합 모드를 사용하여 체크무늬를 만들어 봅니다.
– 혼합 모드를 사용하여 독특한 이미지를 만들어 봅니다.

**01** [파일]-[열기] 메뉴를 선택하여 '섹션 11〉샘플〉실습01-01.jpg, 실습01-02.jpg' 이미지를 불러옵니다.

**02** 이동 도구를 선택하고 밀 이미지를 드래그 하여 빵 이미지로 이동시키고, 레이어 패널 하단의 '레이어 마스크를 추가합니다.' 버튼을 클릭하여 마스크를 적용합니다.

**03** 도구 패널에서 브러시 도구를 선택하고 옵션 패널에서 브러시의 종류와 그기를 지정합니다. 또한 전경색이 검정색으로 지정되어 있는지 확인합니다.

**04** 그런 다음 마스크를 적용한 이미지 상단부분을 반복적으로 드래그 하여 경계부분이 자연스럽게 사라지도록 표현합니다.

**05** 그리고 레이어 패널 상단의 혼합 모드를 '곱하기'로 적용합니다.

**강의노트** 혼합 모드는 선택된 레이어와 하단 레이어와의 색상 합성 방법을 다양한 모드로 적용하여 나타낼 수 있습니다. 또한 CC 2019 버전에서는 마우스를 스크롤 하면 이미지가 어떻게 변하는지 미리 확인하여 적용할 수 있습니다.

**06** 수평 문자 도구를 선택하고 문자를 입력한 후 문자 패널에서 글꼴과 크기, 색상을 지정합니다.

**07** 생성된 문자 레이어를 선택하고 레이어 패널 하단의 '새 레이어를 만듭니다.' 버튼으로 드래그 하여 레이어를 하나 더 복사한 후 [편집]-[변형]-[세로로 뒤집기] 메뉴를 클릭하여 반사시켜줍니다.

**08** 계속하여 [편집]-[변형]-[기울이기] 메뉴를 클릭하여 그림자를 기울여 주고, 레이어 마스크를 적용합니다.

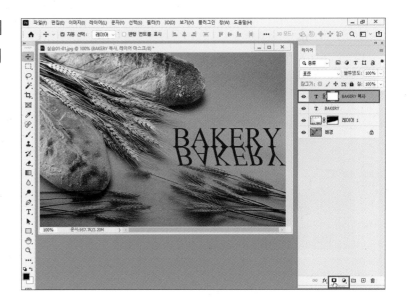

**09** 도구 패널에서 그레이디언트 도구를 선택하고 옵션 패널의 색상 드롭다운 메뉴를 클릭하여 검정, 흰색의 색상을 지정한 후 하단 부분이 가려지도록 마우스를 드래그 합니다.

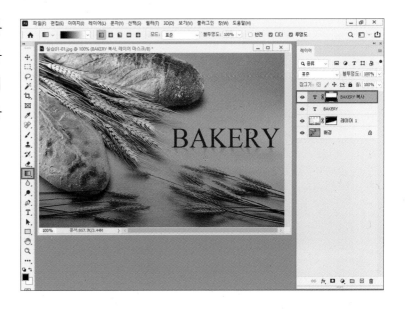

**01** [파일]-[열기] 메뉴를 선택하여 '섹션 11〉샘플〉실습02.jpg 이미지를 불러옵니다. 먼저 이미지를 6등분 하기위해서 [보기]-[눈금자] 메뉴를 선택합니다. 그러면 이미지 상단과 좌측에 눈금자가 나타나는 것을 볼 수 있습니다.

> **강의노트** 눈금자는 프로그램 사용에 있어서 정확하고 편리하게 사용할 수 있도록 도와주는 역할을 하는 기능입니다. 또한 눈금자의 단위를 변경하고자 할 경우에는 눈금자에 대고 마우스 오른쪽 키를 눌러 단위를 선택하면 됩니다.

**02** 도구 패널에서 이동 도구를 선택하고 눈금자 안쪽에서부터 마우스를 클릭 드래그 하여 가로 안내선을 만듭니다.

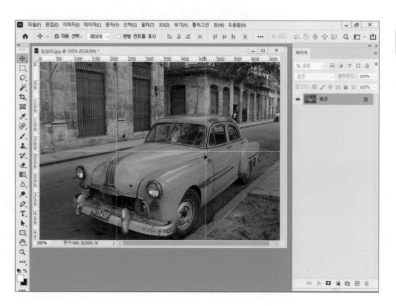

**03** 다시 왼쪽 눈금자에서부터 드래그 하여 세로 안내선을 두 개 더 만들어 6등분을 할 수 있게 합니다.

**04** 레이어 패널에서 '새 레이어를 만듭니다.' 버튼을 클릭하여 투명 레이어를 추가하고, 사각 선택 윤곽 도구를 선택하고 등분된 안내선에 맞춰 드래그 하여 선택합니다.

**05** 그리고 그레이디언트 도구를 선택하고 옵션 패널의 그레이디언트 편집기를 이용하여 검정, 흰색의 색상을 만듭니다.

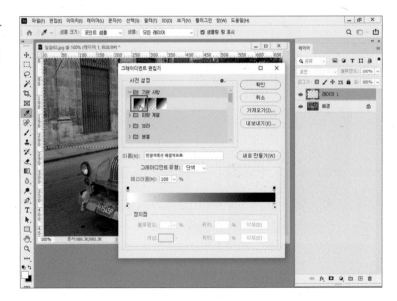

**06** 그런 다음 선택 영역에 드래그 하여 그레이디언트 색상을 채워 넣습니다.

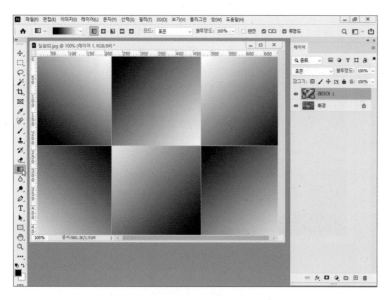

**07** 위와 동일한 방법으로 앞서 작업 중인 레이어의 다섯 면에도 각각 방향을 다르게 하여 그레이디언트 색상을 채워 넣습니다.

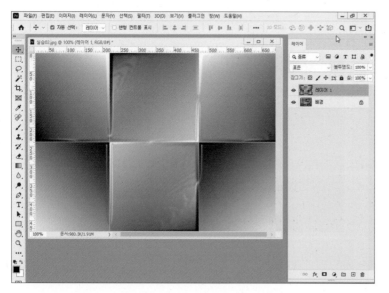

**08** 좀 더 사실적으로 표현하기 위해서 [필터]-[필터 갤러리]-[예술 효과]-[비닐랩] 명령을 적용하여 효과를 추가합니다.

**09** 그런 다음 레이어 패널 상단의 혼합 모드에서 '소프트 라이트'를 선택하여 빈티지한 느낌의 이미지를 표현합니다.

**10** 마지막으로 접지선을 만들기 위해서 도구 패널에서 브러시 도구를 선택합니다. 옵션 패널에서 거친 느낌의 브러시 모양과 크기를 설정하고, 레이어 패널에서 투명 레이어를 추가합니다.

**11** 또한 전경색을 흰색으로 지정한 후 안내선을 따라 **Shift** 키를 누른 채 드래그 하여 가로 선을 만들어 줍니다.

**12** 동일한 방법으로 세로 선을 그려주고 나머지 경계부분의 선을 모두 그려줍니다.

**TIP**

**Shift** 키를 사용하는 이유는 선을 수직과 수평으로 정확하게 긋기 위해서입니다.

**13** 그리고 레이어 패널 상단의 불투명도 값을 조절하여 자연스럽게 표현합니다.

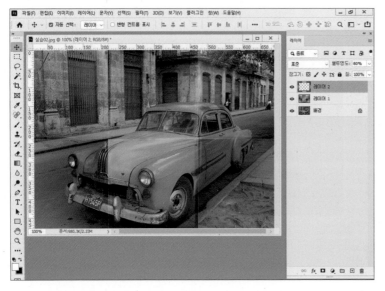

**14** 모든 작업이 끝나면 [보기]-[눈금자] 메뉴를 선택하여 화면에서 눈금자를 가려주고, 또한 [보기]-[표시]-[안내선] 메뉴를 선택하여 안내선을 모두 가려주어 작업을 완성합니다.

**01** [파일]-[열기] 메뉴를 선택하여 'Section 11〉샘플〉실습03-01.jpg, 실습03-02.jpg' 이미지를 불러옵니다.

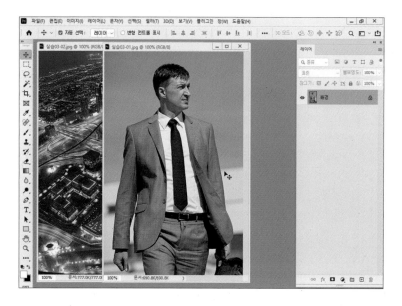

**02** 사람 이미지에서 도구 패널의 개체 선택 도구를 선택하고 옵션 패널에서 '피사체 선택' 버튼을 클릭하여 사람 영역을 선택합니다.

**T**IP

선택 영역을 편집하고자 할 경우에는 올가미 도구를 선택하고 Shift 키를 누른 채 드래그 하여 영역을 추가하거나 Alt 키를 누른 채 드래그 하여 영역을 제외시켜 주면 됩니다.

**03** [레이어]-[새로 만들기]-[복사한 레이어] 메뉴를 실행하여 선택된 이미지를 하나 더 복사합니다. 레이어 패널을 보면 이미지가 복제되어 하나의 레이어가 따로 분리된 것을 볼 수 있습니다.

**T**IP

복사한 레이어 기능은 선택된 이미지 영역을 복사하여 새로운 레이어로 만들어 주고, 오린 레이어 기능은 선택된 이미지 영역을 잘라내어 새로운 레이어로 만듭니다.

**04** 이동 도구로 야경 이미지를 작업 중인 창으로 드래그 하여 끌어옵니다. 이때 레이어 패널에서 앞서 복사해 놓은 사람 이미지 레이어 위쪽에 위치하도록 해야 합니다.

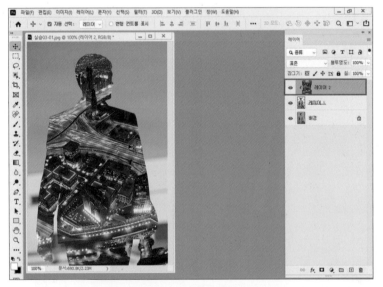

**05** 그런 다음 [레이어]-[클리핑 마스크 만들기] 메뉴를 실행하여 하단의 이미지 영역 안에만 야경 이미지가 보이도록 적용합니다.

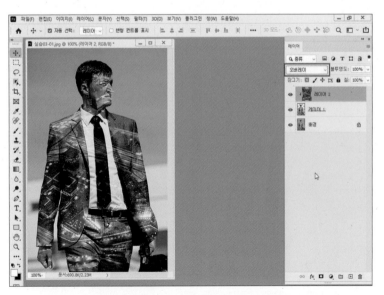

**06** 계속하여 레이어 패널 상단의 혼합 모드에서 '오버레이'를 적용하여 하단의 이미지와 혼합 되도록 표현합니다.

**01** [파일]-[열기] 메뉴를 선택하여 '섹션 11〉샘플〉실습04-01.jpg, 실습04-02.jpg' 이미지를 불러옵니다.

**02** 불꽃 이미지를 이동시키기 위해서 먼저 도구 패널에서 원형 선택 윤곽 도구를 선택하고, 옵션 패널에서 페더 값을 설정합니다.

**03** 그런 다음 [Alt] + [Shift] 키를 누른 채 불꽃 이미지의 중앙에서부터 마우스를 클릭 드래그 하여 선택합니다.

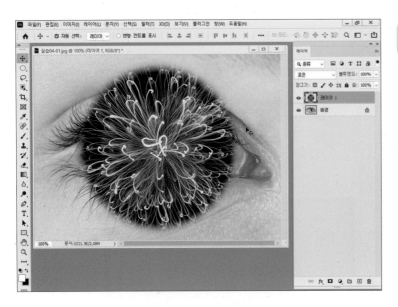

04 선택된 이미지를 이동 도구를 사용하여 눈 이미지로 이동시킵니다.

05 [편집]-[자유 변형] 메뉴를 클릭하고 Alt 키를 누른 채 눈동자 부분을 기준으로 크기를 축소합니다.

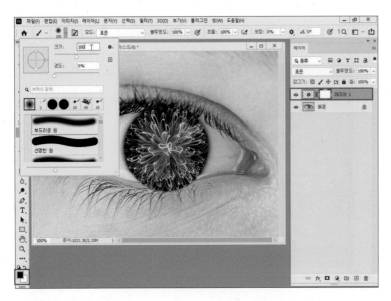

06 불꽃 레이어가 선택된 상태에서 패널 하단의 '레이어 마스크를 추가합니다.' 버튼을 클릭하여 레이어 마스크를 적용하고, 도구 패널에서 브러시 도구를 선택합니다. 그리고 옵션 패널에서 브러시의 종류와 크기를 조절한 후 전경색을 검정색으로 지정합니다.

**07** 불꽃 이미지 외곽을 마우스로 터치 하여 자연스럽게 외곽을 정리해 줍 니다.

**08** 계속하여 레이어 패널 상단의 혼합 모드를 '소프트 라이트'로 지정하여 자연스럽게 합성합니다.

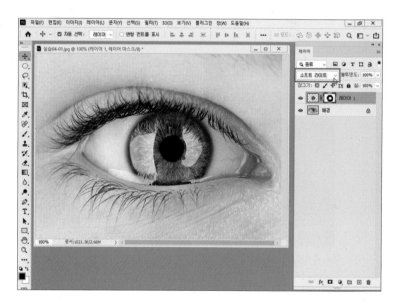

**1**

준비파일을 불러온 후 혼합 모드를 사용하여 이미지를 꾸며 보세요.

힌트 • 그레이디언트 도구를 사용한 색상 표현과 혼합 모드 적용

▲ 준비파일 : 섹션 11>완성>기초01.psd          ▲ 완성파일 : 섹션 11>완성>기초01.psd

**2**

준비된 파일들을 불러와 하나의 이미지로 합성해 보세요.

▲ 준비파일 : 섹션 11>샘플>기초02-01.jpg, 기초02-02.jpg          ▲ 완성파일 : 섹션 11>완성>기초02.psd

힌트 • 채도 감소를 사용한 흑백 전환, 레이어 마스크를 이용한 이미지 외곽 정리와 혼합 모드 적용, 수평 문자 도구를 사용한 문자 입력

**3**

주어진 이미지들을 불러온 후 혼합 모드를 사용하여 합성해 보세요.

▲ 준비파일 : 섹션 11>샘플>기초03-01.jpg, 기초03-02.jpg          ▲ 완성파일 : 섹션 11>완성>기초03.psd

힌트 • 원형 선택 윤곽 도구, 변형의 왜곡 기능을 이용 혼합 모드 적용

1) 준비된 파일을 이용하여 하나의 이미지로 자연스럽게 합성해 보세요.

▲ 준비파일 : 섹션 11〉샘플〉심화01-01.jpg, 심화01-02.jpg

▲ 완성파일 : 섹션 11〉완성〉심화01.psd

힌트 • 혼합 모드 적용과 불투명도 조절

2) 준비파일을 완성파일처럼 흑백 변환과 색상을 보정시켜 보세요.

힌트 • 투명 레이어 추가 후 흰색으로 채색, 혼합 모드 적용 후 불투명도 조절, 레이어 마스크 적용

▲ 준비파일 : 섹션 11〉샘플〉심화02.jpg

▲ 완성파일 : 섹션 11〉완성〉심화02.psd

3) 준비파일들을 불러온 후 이미지를 자연스럽게 하나로 합성시켜 보세요.

▲ 준비파일 : 섹션 11〉샘플〉심화03-01.jpg, 심화03-02.jpg

▲ 완성파일 : 섹션 11〉완성〉심화03.psd

힌트 • 혼합 모드 적용 후 레이어 마스크로 정리, 수평 문자 도구를 사용한 문자 입력과 레이어 스타일(외부 광선) 적용

포토샵은 다양한 그래픽 스타일이나 질감을 표현할 수 있는 효과들이 많습니다. 필터 기능은 창조적인 이미지 작업을 위해 활용되며 필터 갤러리를 통하여 포토샵에서 제공하는 다양한 필터의 모양을 미리 보기 할 수 있습니다. 또한 이번 시간에 사용하고자 하는 스마트 필터 기능을 이용하면 이미 적용되었던 필터의 옵션 값을 조절할 수도 있습니다.

Preview

## 학습내용

실습 01. 유화느낌 표현하기
실습 02. 초현실적인 이미지 표현하기
실습 03. 다양한 필터를 사용한 유화느낌 표현하기

실습 04. 필터와 혼합 모드를 이용한 햇살 효과 만들기
실습 05. 필터를 활용한 사실적인 이미지 표현하기
실습 06. Neural Filters 사용하기

▲ 완성파일 : 섹션 12〉완성〉실습01.psd

▲ 완성 파일 : 섹션 12〉완성〉실습02.psd

▲ 완성 파일 : 섹션 12〉완성〉실습03.psd

▲ 완성 파일 : 섹션 12〉완성〉실습04.psd

▲ 완성 파일 : 섹션 12〉완성〉실습05.psd

▲ 완성 파일 :
섹션 12〉완성〉실습06.psd

## 체크포인트

- 오일 페인트 기능 사용법을 익힙니다.
- 필터의 흐림 효과와 레이어 마스크를 이용하여 독특한 이미지를 만들어 봅니다.
- 다양한 필터를 중복 사용하여 유화느낌의 이미지를 만들어 봅니다.
- 필터와 혼합 모드를 사용하여 햇살 효과를 만들어 봅니다.
- 픽셀 유동화 필터를 사용하여 이미지를 꾸며봅니다.
- 새롭게 추가된 Neural Filters를 사용해 봅니다.

**01** [파일]-[열기] 메뉴를 선택하여 '섹션 12>샘플>실습01.jpg 이미지를 불러옵니다.

**02** [필터]-[스타일화]-[유화] 메뉴를 클릭하여 대화상자를 불러와 세부 옵션을 조절합니다.

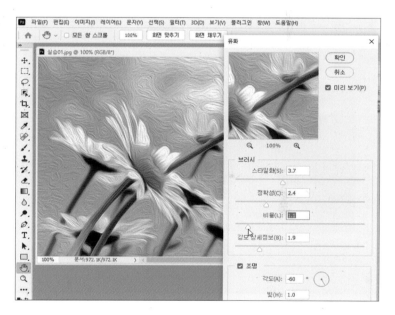

**03** 그 결과 유화 느낌의 이미지로 표현됩니다. 세부 옵션을 조절하여 다양한 느낌으로 이미지를 만들어봅니다.

01 [파일]-[열기] 메뉴를 선택하여 '섹션 12>샘플>실습02.jpg 이미지를 불러옵니다.

02 필터]-[고급 필터용으로 변환] 메뉴를 클릭합니다. 그러면 배경 레이어가 일반 투명 레이어로 바뀌는 것을 볼 수 있습니다.

**강의노트** 고급 필터용으로 변환 기능을 사용하면 필터 효과를 적용한 후에도 레이어 패널에 작업 리스트가 남아있어 수정할 수 있다는 장점이 있습니다.

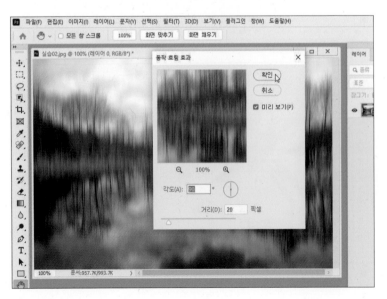

03 [필터]-[흐림 효과]-[동작 흐림 효과] 명령을 실행하여 세로 방향으로 움직이는 듯한 효과를 적용합니다.

**04** 레이어 패널에서 고급 필터 썸네일을 선택하고, 그레이디언트 도구를 선택한 후 옵션 패널에서 검정, 흰색의 색상을 지정하여 상단부분을 자연스럽게 사라지게 드래그 합니다.

**05** 또한 [필터]-[렌더]-[렌즈 플레어] 효과를 한 번 더 적용하여 작업을 완성합니다.

**01** [파일]-[열기] 메뉴를 선택하여 '섹션 12〉샘플〉실습03.jpg' 이미지를 불러옵니다. 그리고 배경 레이어를 '새 레이어를 만듭니다.' 버튼으로 드래그 하여 복사해 놓습니다.

**02** 이제 여러 가지 필터 효과를 적용시켜 보겠습니다. 먼저 복사시켜 놓은 이미지 레이어는 도큐먼트에서 보이지 않도록 눈 아이콘을 클릭하여 가려놓습니다.

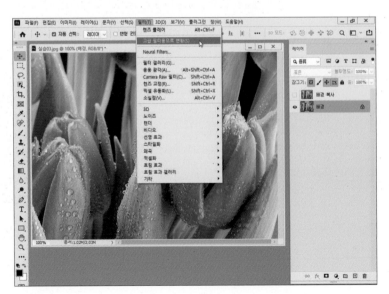

**03** 배경 레이어를 선택하고 [필터]-[고급 필터용으로 변환] 명령을 실행합니다. 그러면 배경 레이어가 일반 투명 레이어로 바뀐 것을 볼 수 있습니다.

**04** 가장 먼저 [필터]-[필터 갤러리] 명령을 실행하여 [왜곡]-[유리] 효과를 적용합니다. 레이어 패널에 리스트가 생성된 것을 볼 수 있습니다.

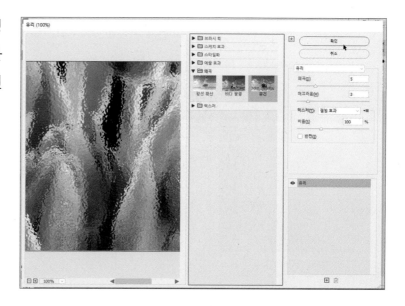

**05** 다시 [필터]-[필터 갤러리]-[예술 효과]-[페인트 바르기]를 실행합니다.

**06** 추가적으로 [필터]-[필터 갤러리]-[브러시 획]-[각진 획] 효과를 적용합니다.

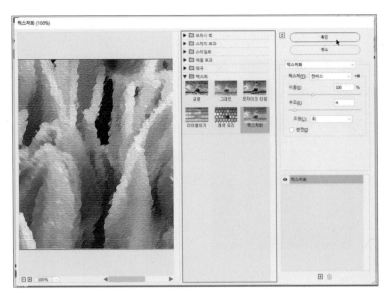

**07** 마지막으로 [필터]-[필터 갤러리]-[텍스처]-[텍스처화] 명령을 실행하여 거칠게 이미지를 표현합니다.

**08** 앞서 가려놓은 레이어의 눈 아이콘을 클릭하여 도큐먼트에 보이도록 하고 [이미지]-[조정]-[채도 감소] 명령을 실행합니다.

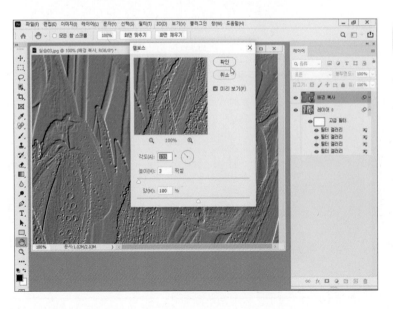

**09** 흑백으로 변환된 이미지에 [필터]-[고급 필터용으로 변환] 메뉴를 선택하고 [필터]-[스타일화]-[엠보스] 명령을 실행하여 입체효과를 적용합니다.

**10** 그런 다음 혼합 모드에서 '오버레이'를
적용하여 유화 느낌을 완성합니다.

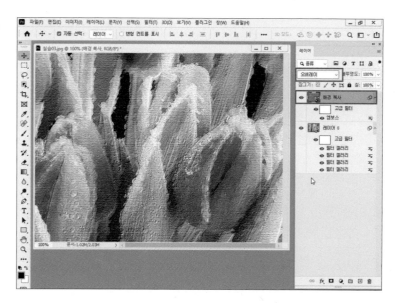

MEMO

**01** [파일]-[열기] 메뉴를 선택하여 '섹션 12〉샘플〉실습04.jpg 이미지를 불러옵니다.

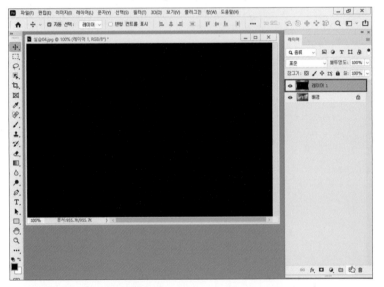

**02** 레이어 패널에서 '새 레이어를 만듭니다.' 버튼을 클릭하여 새로운 투명 레이어를 추가하고, 전경색을 검정색으로 지정한 후 Alt + Delete 를 눌러 색상을 채워 넣습니다.

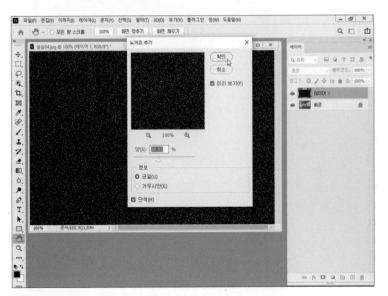

**03** [필터]-[노이즈]-[노이즈 추가] 메뉴를 클릭하여 흑백으로 노이즈를 추가합니다.

**04** 다시 [필터]-[흐림 효과]-[가우시안 흐림 효과]를 적용하여 이미지를 흐리게 표현합니다.

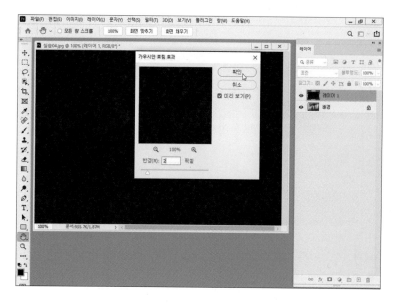

**05** 계속하여 [이미지]-[조정]-[곡선] 메뉴를 클릭하여 흰색과 검정색을 강하게 표현합니다.

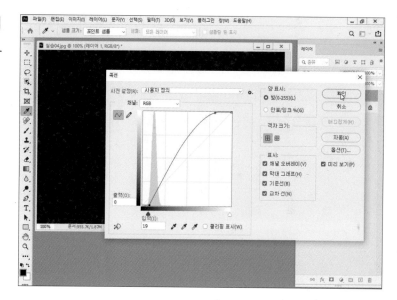

**06** 그리고 다시 [필터]-[흐림 효과]-[방사형 흐림 효과]를 실행하여 퍼짐 효과를 적용합니다.

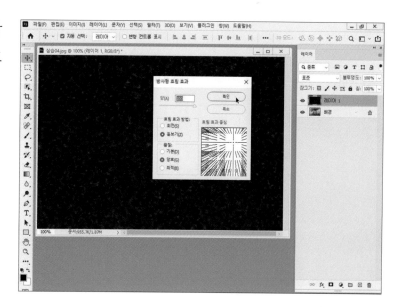

**07** 레이어 패널 상단의 혼합 모드 효과를 적용하여 이미지와 합성합니다.

**08** 좀더 강하게 표현하기 위해서 합성한 레이어를 '새 레이어를 만듭니다.' 버튼으로 드래그 하여 하나를 더 복사한 후 레이어 마스크를 적용합니다.

**09** 브러시 도구를 선택하고 브러시의 종류와 크기를 지정하고 외곽을 터치하여 검정색으로 칠하여 자연스럽게 외곽을 정리합니다.

**10** 그리고 레이어 패널 상단의 불투명도를 조절하여 강하지 않게 이미지를 표현합니다.

**11** 마지막으로 투명 레이어를 하나 더 추가하고, 브러시 도구를 사용하여 밝은 빛 부분을 표현하여 완성합니다.

**01** [파일]-[열기] 메뉴를 선택하여 '섹션 12〉샘플〉실습05.jpg 이미지를 불러옵니다.

**02** 먼저 도구 패널에서 브러시 도구를 선택하고, 옵션 패널에서 브러시의 종류와 크기를 지정합니다. 또한 전경색을 흰색으로 지정합니다.

**03** 레이어 패널에서 '새 레이어를 만듭니다.' 버튼을 클릭하여 투명 레이어를 추가하고, 마우스로 드래그 하여 몇 개의 선을 그려줍니다.

**04** [필터]-[픽셀 유동화] 메뉴를 클릭하여 대화상자에서 브러시의 크기와 세기 정도를 조절하여 마우스로 밀어주어 모양을 만듭니다.

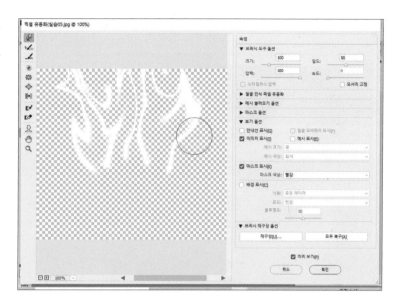

**05** '확인' 버튼을 클릭하여 효과를 적용하고, 불투명도 값을 조절하여 자연스럽게 김이 날리는 것처럼 표현합니다.

**01** [파일]-[열기] 메뉴를 선택하여 '섹션 12〉샘플〉실습06.jpg 이미지를 불러옵니다.

**02** [필터] 메뉴에서 [Neural Filters]를 클릭합니다.

**강의 노트** Neural Filters는 새롭게 추가된 기능으로 이미지를 좀 더 유동적이고 쉽게 변형시킬 수 있는 필터로 클라우드에서 적용 가능한 필터를 다운로드 받아 사용합니다.

**03** 왼쪽에서 사용하고자 하는 필터 항목을 선택하고 다운로드를 클릭하여 클라우드에서 원하는 필터를 다운로드 합니다.

**04** 다양한 필터를 활용하여 오른쪽 세부 옵션을 조절하여 원하는 효과를 만듭니다.

## Neural Filters

새롭게 추가된 Neural Filters는 클라우드에서 필터를 다운로드하여 특수한 필터와 베타 필터 등을 사용하여 다양한 창의적인 아이디어를 표현할 수 있는 효과입니다. 클릭하여 특수한 필터와 베타 필터를 모두 찾을 수 있습니다. 나중에 구현되는 필터를 직접 확인할 수도 있습니다.

**1**

필터를 사용하여 이미지를 보정시켜 보세요.

힌트 • 픽셀 유동화 필터 사용

▲ 준비파일 : 섹션 12〉완성〉기초01.psd   ▲ 완성파일 : 섹션 12〉완성〉기초01.psd

**2**

준비파일을 불러와 필터와 혼합 모드를 사용하여 이미지를 표현해 보세요.

▲ 준비파일 : 섹션 12〉샘플〉기초02-01.jpg, 기초02-02.jpg   ▲ 완성파일 : 섹션 12〉완성〉기초02.psd

힌트 • 투명 레이어 추가 후 흰색 채색, [필터]-[노이즈]-[노이즈 추가]와 [흐림 효과]-[동작 흐림 효과]를 연속적으로 적용, 혼합 모드
적용 후 불투명도 조절, 레이어 마스크 적용 후 배경 정리

**3**

준비파일을 불러와 필터를 사용하여 움직임 효과를 적용해 보세요.

힌트 • 고급 필터용으로 변환 후 방사형 흐림
효과 연속적으로 적용, 레이어 마스크
적용 후 강조 효과 표현

▲ 준비파일 : 섹션 12〉샘플〉기초03.jpg   ▲ 완성파일 : 섹션 12〉완성〉기초03.psd

1) 준비된 파일에 필터 효과를 적용하여 유화적인 느낌의 이미지로 표현해 보세요.

▲ 준비파일 : 섹션 12〉샘플〉심화01.jpg

▲ 완성파일 : 섹션 12〉완성〉심화01.psd

힌트 • 흰색의 레이어 추가 후 [필터]-[텍스처]-[텍스처화] 적용, 배경 레이어 복사 후 [브러시 획]-[그물눈], [텍스처]-[텍스처화] 연속 적용, 레이어 마스크 적용 후 외곽 테두리 정리, 색조/채도 기능으로 채도 감소

2) 준비파일을 불러와 필터를 사용하여 로코스코핑 효과를 표현해 보세요.

▲ 준비파일 : 섹션 12〉샘플〉심화02.jpg

▲ 완성파일 : 섹션 12〉완성〉심화02.psd

힌트 • 펜 도구와 패스 패널을 이용한 이미지 선택 후 복사한 레이어 기능 활용, [필터]-[필터 갤러리]-[예술 효과]-[포스터 가장자리] 적용 후 레이어 스타일(획) 적용

3) 준비파일을 불러온 후 필터를 사용하여 테두리 효과를 적용해 보세요.

▲ 준비파일 : 섹션 12〉샘플〉심화03.jpg

▲ 완성파일 : 섹션 12〉완성〉심화03.psd

힌트 • 레이어 추가 후 흰색 채색, 배경 레이어 복사 후 퀵 마스크 모드를 이용하여 테두리 선택 후 [필터]-[픽셀화]-[색상 하프톤] 적 용, 일반 모드로 돌아와 배경 삭제 후 레이어 스타일(그림자 효과)적용

# Section

# 13 패턴 활용과 다양한 기능 사용하기

앞서 학습했다시피 포토샵에서 채색에 사용하는 여러 가지 기능들이 있습니다. 이 장에서는 좀 더 이미지를 고급스럽게 표현할 수 있도록 고급 기능들과 다양한 패턴 무늬를 등록하여 활용하는 방법을 학습해 CC2021 버전부터 새롭게 추가된 패턴 미리보기와 하늘 대체 기능도 사용해 보겠습니다.

## 학습내용

실습 01. 패턴 등록 및 적용하기
실습 02. 패턴을 이용한 이미지 합성하기
실습 03. 격자 기능을 이용한 광고이미지 만들기
실습 04. 패턴 미리보기와 패널 사용하기
실습 05. 하늘 대체 기능 활용하기

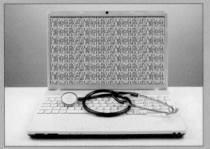
▲ 완성파일 : 섹션 13)완성)실습01.psd

▲ 완성파일 : 섹션 13)완성)실습02.psd

▲ 완성파일 : 섹션 13)완성)실습03.psd

▲ 완성파일 : 섹션 13)완성)실습04.psd

▲ 완성파일 : 섹션 13)완성)실습05.psd

## 체크포인트

– 패턴을 등록한 후 적용시켜 봅니다.
– 배경이 투명한 패턴을 등록하여 혼합 모드와 함께 사용해 봅니다.
– 격자 기능과 조정 레이어를 이용하여 광고 이미지를 만들어 봅니다.
– 패턴 미리보기 기능을 활용하여 패턴 등록 및 적용시켜 봅니다.
– [편집] 메뉴의 하늘 대체 기능을 사용해 봅니다.

**01** [파일]-[열기] 메뉴를 선택하여 '섹션 13>샘플>실습01.jpg' 이미지를 불러옵니다.

**02** 레이어 패널 하단의 '새 레이어를 만듭니다.' 버튼을 클릭하여 투명 레이어를 추가합니다. 그리고 전경색을 연한 색으로 지정한 후 Alt + Delete 를 눌러 색상을 채워 넣습니다.

> **TIP**
> Alt + Delete 는 지정된 전경색을 한 번에 채워 넣기 위한 단축키이며, 반대로 Ctrl + Delete 는 배경색을 채워 넣습니다.

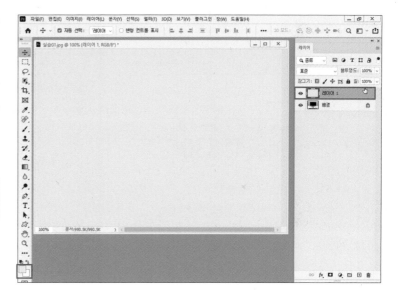

**03** 도구 패널에서 수평 문자 도구를 선택하고 영문, 기호 혼합하여 문자를 입력한 후 문자 패널에서 글꼴과 크기를 조절합니다.

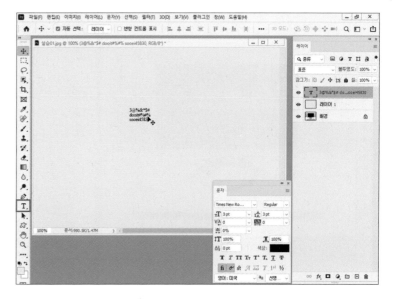

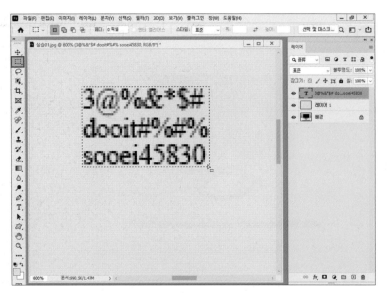

**04** 이제 패턴으로 등록하기 위해서 화면을 확대한 뒤 사각형 선택 윤곽 도구를 사용하여 선택 영역을 만듭니다.

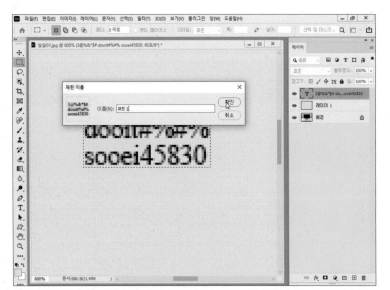

**05** 그리고 [편집]-[패턴 정의] 메뉴를 클릭하여 대화상자에서 이름을 입력하고 확인 버튼을 클릭합니다.

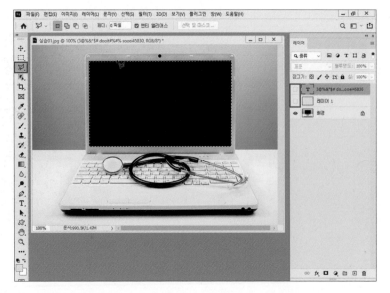

**06** 앞서 작업하였던 레이어들의 눈 아이콘을 클릭하여 모두 가려놓은 뒤 도구 패널에서 다각형 올가미 도구를 선택하고 모니터 안쪽을 선택합니다.

**07** 그리고 레이어 패널에서 투명 레이어를 하나 더 추가하고, [편집]-[칠] 메뉴를 클릭하여 대화상자를 불러옵니다.

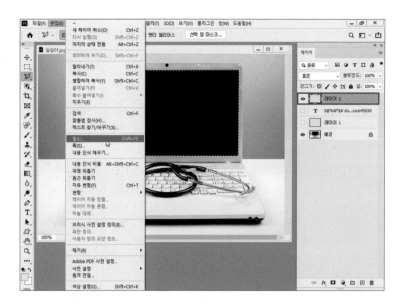

**08** 대화상자에서 '패턴' 항목을 지정하고 앞서 등록했던 패턴 무늬를 선택한 후 확인 버튼을 클릭하여 패턴을 채워줍니다.

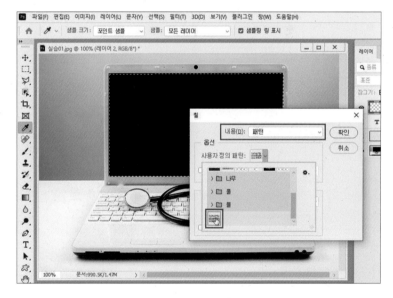

**09** 좀 더 자연스럽게 표현하기 위해서 레이어 스타일에서 '내부 그림자'를 적용합니다.

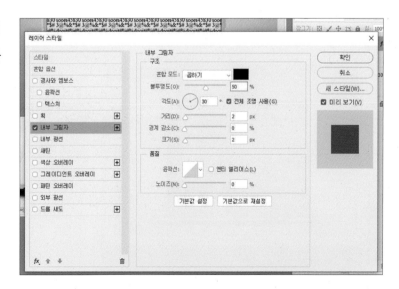

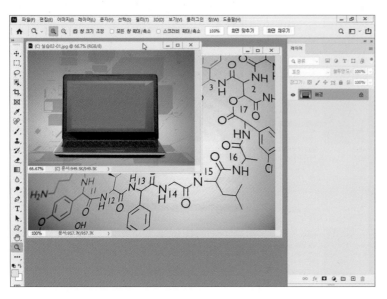

**01** [파일]-[열기] 메뉴를 선택하여 '섹션 13〉샘플〉실습02-01.jpg, 실습02-02.jpg' 이미지를 불러옵니다.

**02** 원소 이미지를 선택하고 이동 도구로 컴퓨터 이미지로 드래그 합니다. 그리고 [편집]-[자유 변형] 메뉴를 클릭하여 크기를 축소합니다.

**03** 노트북 화면에만 이미지가 보이도록 하기 위해서 방금 작업한 레이어의 눈 아이콘을 클릭하여 잠시 가려놓습니다. 그리고 펜 도구와 패스 패널을 사용하여 패스 작업을 합니다.

**04** 패스 작업이 완료되면 Ctrl 키를 누른 상태에서 패스 축소판을 클릭하여 영역을 선택하고, 앞서 가려놓았던 이미지를 다시 보이도록 합니다.

**05** 그런 다음 [선택]-[반전] 메뉴를 클릭하여 모니터 화면을 제외한 나머지 영역이 선택되도록 선택 영역을 반전시킵니다.

**06** Delete 키를 눌러 이미지를 삭제하고 패널 하단의 레이어 스타일 버튼을 클릭하여 '내부 그림자'를 적용합니다.

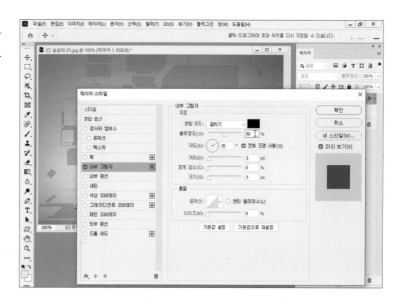

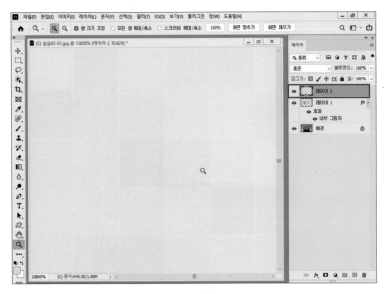

**07** 이번에는 패턴을 만들기 위해서 돋보기 도구로 화면을 최대한 확대한 후 레이어 패널에서 투명 레이어를 추가합니다.

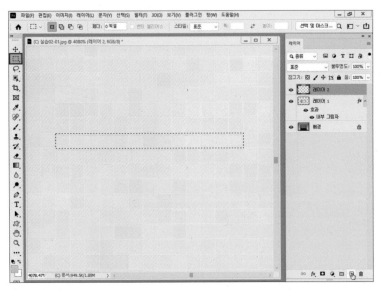

**08** 사각형 선택 윤곽 도구를 선택하고 마우스를 드래그 하여 매우 얇게 선택 영역을 만듭니다.

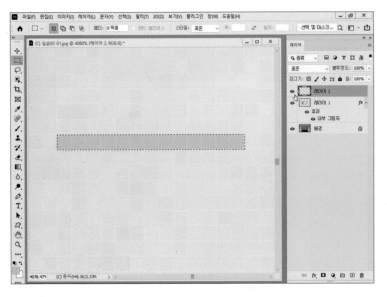

**09** 그런 다음 전경색을 회색으로 지정한 후 Alt + Delete 를 눌러 색상을 채워 넣습니다.

**10** Ctrl + D 를 눌러 선택 영역을 해제하고, 다시 패턴으로 등록하고자 하는 부분을 조금 넓게 드래그 하여 선택합니다.

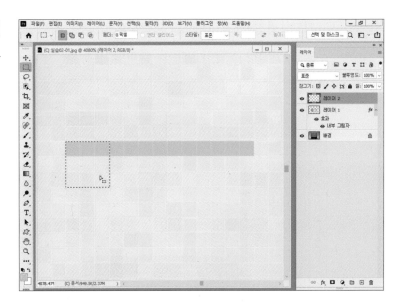

**11** 그리고 현재 선택된 레이어를 제외한 모든 레이어의 눈 아이콘을 클릭하여 화면에 보이지 않도록 하고, [편집]-[패턴 정의] 메뉴를 선택하여 투명 패턴으로 등록합니다.

**TIP**

여기서 모든 레이어를 화면에서 가려주는 이유는 회색 라인을 제외한 나머지 부분을 투명하게 패턴으로 등록하여 하단의 자동차 이미지가 투과되어 보이도록 하기 위해서입니다.

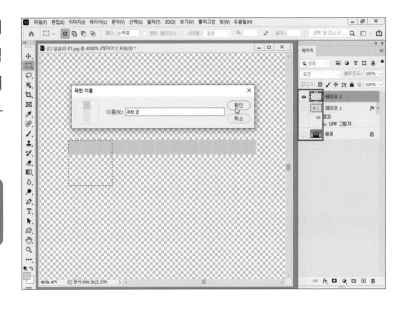

**12** 이제 레이어 패널에서 투명 레이어를 추가하고, Ctrl 키를 누른 상태에서 패스 축소판을 클릭하여 모니터 안쪽만을 선택합니다.

13 그리고 [편집]–[칠] 메뉴를 선택하여 나타난 대화상자에서 패턴 항목을 지정하고 앞서 등록했던 패턴 무늬를 선택하고 확인 버튼을 클릭합니다.

14 무늬를 좀 더 자연스럽게 합성하기 위해서 레이어 패널에서 혼합 모드를 적용하여 완성합니다.

01 [파일]-[새로 만들기] 메뉴를 클릭하여 가로, 세로가 동일한 정사각형 이미지 창을 만듭니다.

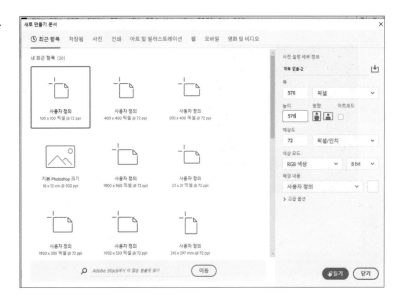

02 [보기]-[표시]-[격자] 메뉴를 실행하여 사각형 모양의 격자무늬가 보이도록 합니다.

강의
노트 격자는 안내선과 마찬가지로 이미지 편집 작업에 있어 정확하고 쉽게 사용할 수 있도록 도와주는 역할을 하는 기능입니다.

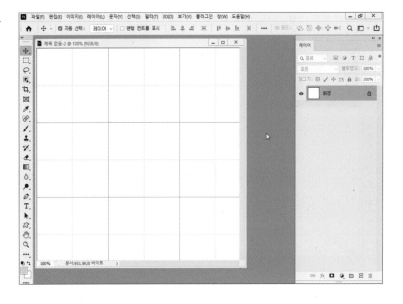

03 가로와 세로 격자무늬의 크기를 동일한 간격으로 편집하기 위해서 [편집]-[환경 설정]-[안내선, 그리드 및 분할 영역] 메뉴를 선택합니다. 대화상자에서 단위를 픽셀로 지정하고 격자 간격과 세분을 조절한 후 확인 버튼을 클릭합니다.

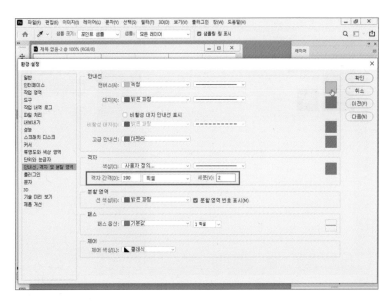

**04** [파일]-[열기] 메뉴를 선택하여 '섹션 13〉샘플〉실습03.jpg' 이미지를 불러 옵니다.

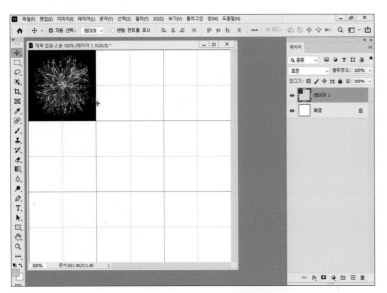

**05** 이동 도구로 작업 중인 이미지 창으로 드래그 하여 이동시킨 후 [편집]-[자유 변형] 메뉴를 클릭하여 격자무늬에 맞춰 크기를 조절합니다.

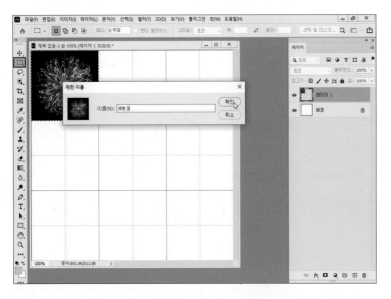

**06** 이제 사각형 선택 윤곽 도구를 선택하고 이미지에 드래그 하여 선택한 후 [편집]-[패턴 정의]를 실행합니다.

07 레이어 패널에서 투명 레이어를 추가하고, [편집]-[칠] 메뉴를 선택하여 패턴 항목을 지정하고 앞서 등록했던 패턴 무늬를 선택한 후 확인 버튼을 클릭합니다.

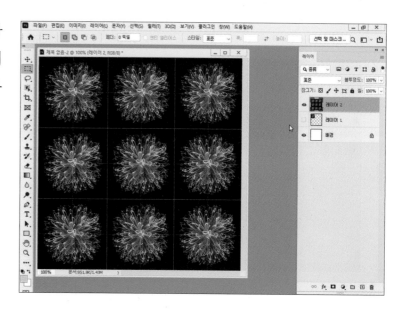

08 색상을 보정하기 위해서 사각형 선택 윤곽 도구를 사용하여 이미지를 선택합니다.

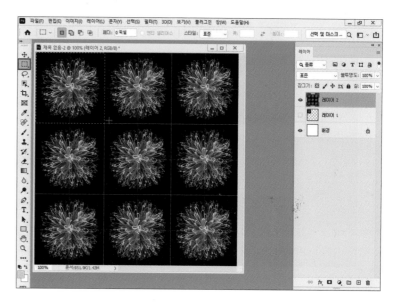

09 레이어 패널 하단의 '새 칠 또는 조정 레이어를 만듭니다.' 버튼을 클릭한 후 '색조/채도'를 선택합니다. 그리고 하단의 '색상화' 항목을 체크하고 녹색 계통으로 색상을 보정합니다.

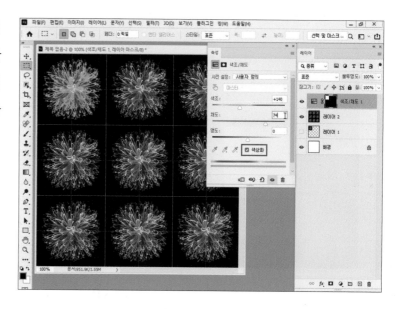

**10** 위와 동일한 방법으로 나머지 이미지들 또한 조정 레이어를 사용하여 각각 원하는 색상으로 보정시켜 줍니다.

**11** 이미지 중앙에는 전경색을 노란색으로 지정하고 Alt + Delete 를 눌러 색상을 채워줍니다.

**12** 그런 다음 수평 문자 도구로 문자를 입력하고 문자 패널에서 글꼴과 크기, 색상 등을 조절합니다.

**13** 마지막으로 도구 패널에서 단일 행 선택 윤곽 도구를 선택하고 경계부분을 클릭하여 선택 영역을 만듭니다.
[Shift] 키를 누른 채 나머지 가로에 해당하는 영역을 추가적으로 모두 선택합니다.

**14** 또한 단일 열 선택 윤곽 도구를 사용하여 세로로 선택 영역을 추가하여 선택합니다.

**15** 투명 레이어를 추가하고 전경색을 노란색으로 지정한 후 [Alt] + [Delete] 를 눌러 선을 만들어 줍니다.

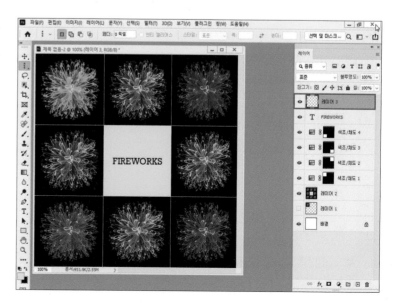

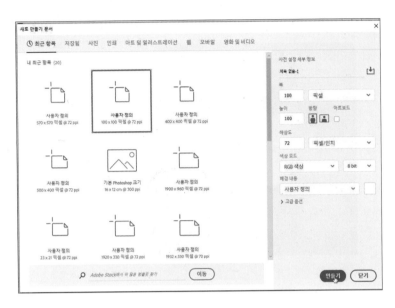

**01** [파일]-[새로 만들기] 메뉴를 클릭하여 가로, 세로가 동일한 정사각형 이미지 창을 만듭니다.

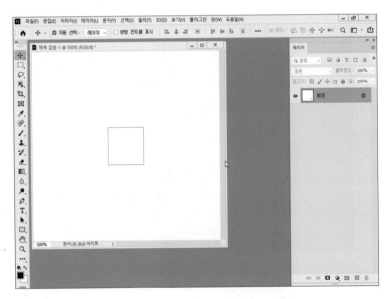

**02** 이미지 창 모서리를 드래그하여 대지가 화면에 크기 보이도록 하고, [보기] 메뉴에서 [패턴 미리 보기]를 클릭합니다.

**강의노트** 패턴 미리 보기를 활성화하면 캔버스 경계 외부의 작업 영역이 캔버스에서 패턴으로 내용을 반복하게 됩니다. 기존처럼 사각형 모양의 선택 영역을 만들지 않아도 된다는 의미입니다. 예를 들어, 새 빈 문서를 사용하면 외부 작업 영역 영역에 배경 레이어의 색상이 반복되고, 패턴 또한 반복시켜 보여줍니다.

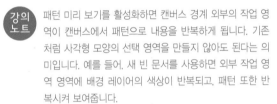

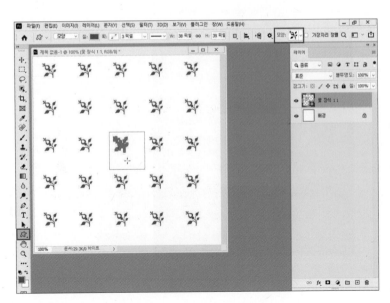

**03** 사용자 정의 모양 도구를 선택하고 전경색을 원하는 색으로 지정합니다. 옵션 패널에서 꽃 모양을 하나 선택하고 사각형 영역 안쪽에 Shift 키를 누른 채 드래그하여 그려줍니다.

**04** 영역 안쪽을 제외한 나머지 대지 부분에도 패턴이 표현되는 것을 볼 수 있습니다. 계속하여 다른 모양을 선택하고, 전경색도 바꿔준 뒤 사각형 영역 안쪽에 드래그하여 그려줍니다.

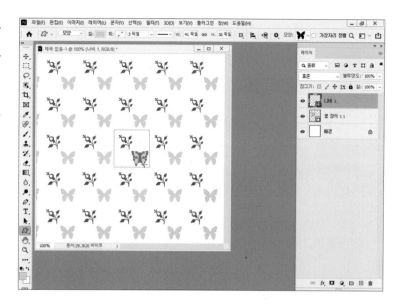

**05** [편집]-[자유 변형] 메뉴를 클릭하여 나비 모양을 회전시켜 봅니다.

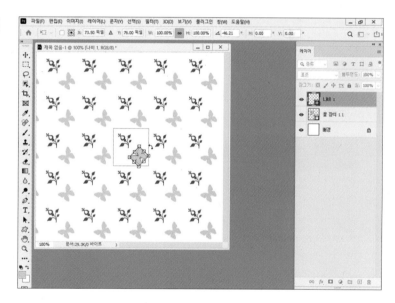

**06** [창] 메뉴에서 [패턴]을 클릭하여 패턴 패널을 불러온 후 패널 하단의 '새 패턴 만들기' 버튼을 클릭하여 패턴으로 저장합니다.

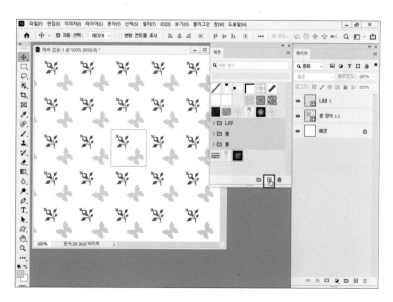

**07** [파일]-[열기] 메뉴를 선택하여 '섹션 13〉샘플〉실습04.jpg' 이미지를 불러 옵니다.

**08** 레이어 패널에서 새로운 레이어를 추가하고 패턴 패널에서 앞서 등록한 패턴을 클릭하여 채워 넣습니다. 또한 혼합 모드에서 원하는 명령을 적용시켜 봅니다.

**09** 레이어 패널에서 레이어 축소판을 더블클릭하면 패턴 칠 대화상자가 나타나 각도와 크기 등을 조절할 수 있습니다.

**Tip**

기존에는 패턴 등록 후 회전이나 크기 조절이 자유롭지 못하였으나 패턴 칠 기능을 사용함으로써 등록된 패턴에 대하여 자유롭게 변형이 가능해졌습니다.

**10** 레이어 패널에서 오른쪽 마스크 영역을 선택하고, 도구 패널에서 브러시 도구를 선택합니다. 전경색을 검정색으로 지정하고 브러시 크기를 조절합니다.

**11** 인물 부분을 드래그하여 패턴이 보이지 않도록 가려줍니다.

**12** 나머지 부분 또한 브러시의 크기를 조절해 가며 배경을 정리해 줍니다.

**01** [파일]-[열기] 메뉴를 선택하여 '섹션 13〉샘플〉실습05.jpg' 이미지를 불러옵니다.

**02** [편집] 메뉴에서 [하늘 대체]를 클릭하면 대화상자가 나타납니다.

**03** 사용하고자 하는 하늘 모양을 선택한 후 세부 옵션을 조절하여 다양하게 표현해 봅니다.

# 하늘 대체

새롭게 추가된 하늘 대체 기능을 사용하여 손쉽게 다른 하늘 모양을 선택하고 세부 옵션을 조절하여 극적인 효과를 추가할 수 있습니다.

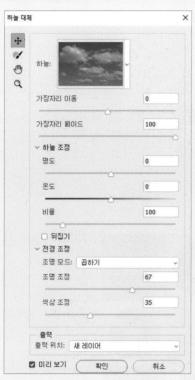 

① 도구 : 하늘 이동 도구, 하늘 브러시, 손 도구, 돋보기 도구 등을 사용합니다.

② 가장자리 이동 : 하늘과 원본 이미지 사이의 테두리가 시작되는 위치를 결정합니다.

③ 가장자리 페이드 : 하늘 이미지에서 가장자리를 따라 원본 사진으로 페이드 또는 페더링되는 양을 설정합니다.

④ 명도 : 하늘의 밝기를 조정합니다.

⑤ 온도 : 하늘의 온도를 따뜻하게 또는 차갑게 조정합니다.

⑥ 비율 : 하늘 이미지 크기를 조정합니다.

⑦ 뒤집기 : 하늘 이미지를 가로로 뒤집습니다.

⑧ 조명 모드 : 조정에 사용되는 혼합 모드를 결정합니다

⑨ 조명 조정 : 하늘과 혼합되는 기본 이미지를 밝게 하거나 어둡게 하는 불투명도 슬라이더입니다.

⑩ 색상 조정 : 불투명도 슬라이더는 전경이 하늘색과 얼마나 조화를 이루는지 결정합니다.

⑪ 출력 : 이미지의 변경 내용을 새 레이어(마스크가 있는 이름이 지정된 레이어 그룹)에 배치할지, 레이어 복제(단일 병합 레이어)에 배치할지 선택할 수 있습니다.

**1**

준비파일을 불러온 후 패턴 기능을 활용하여 이미지를 꾸며 보세요.

힌트 • 사용자 정의 모양 도구를 사용한 무늬 그리기, 패턴 등록과 적용 후 불투명도 조절

▲ 준비파일 : 섹션 13〉샘플〉기초01.jpg   ▲ 완성파일 : 섹션 13〉완성〉기초01.psd

**2**

주어진 이미지를 가지고 격자 기능을 사용하여 광고 이미지를 만들어 보세요.

▲ 준비파일 : 섹션 13〉샘플〉기초02.jpg

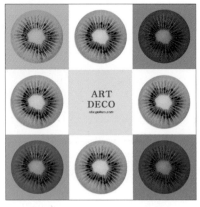

▲ 완성파일 : 섹션 13〉완성〉기초02.psd

힌트 • 원형 선택 윤곽 도구를 사용한 이미지 선택, 격자 사용, 레이어 복제와 조정 레이어를 이용한 색상 보정, 수평 문자 도구로 문자 입력

**3**

패턴을 활용하여 이미지 배경을 만들어 보세요.

힌트 • 사각형 선택 윤곽 도구를 사용한 십자 무늬 제작과 투명 패턴 등록, 패턴 적용 후 혼합 모드와 불투명도 조절

▲ 준비파일 : 섹션 13〉샘플〉기초03.jpg   ▲ 완성파일 : 섹션 10〉완성〉기초03.psd

① 준비된 파일을 이용하여 이미지를 합성해 보세요.

힌트 • 사각형 도구를 사용한 패턴 모양 제작, 패턴 등록과 클리핑 마스크를 사용한 패턴 적용, 혼합 모드 적용

▲ 준비파일 : 섹션 13〉샘플〉심화01.jpg

▲ 완성파일 : 섹션 10〉완성〉심화01.psd

② 주어진 파일들을 불러와 패턴을 적용하여 광고 이미지를 만들어 보세요.

▲ 준비파일 : 섹션 13〉샘플〉심화02-01.jpg, 심화02-02.jpg

▲ 완성파일 : 섹션 13〉완성〉심화02.psd

힌트 • [파일]-[새로 만들기] 명령으로 새로운 창 만들기, 반쪽짜리 사과이미지 패턴 등록 및 적용, 자석 올가미 도구를 사용한 이미지 선택과 이동, 레이어 스타일(그림자 효과) 적용 후 레이어 만들기 적용하여 왜곡 기능으로 그림자 모양 변형, 수평 문자 도구로 문자 입력

③ 준비파일을 불러온 후 패턴과 혼합 모드를 사용하여 이미지를 합성해 보세요.

▲ 준비파일 : 섹션 13〉샘플〉심화03-01.jpg, 심화03-02.jpg

▲ 완성파일 : 섹션 13〉완성〉심화03.psd

힌트 • 펜 도구와 패스 패널 사용, 사각형 선택 윤곽 도구를 사용한 스프라이트 무늬 제작과 투명 패턴 등록, 혼합 모드 적용과 레이어 스타일 적용

# 14 채널을 이용한 이미지 표현하기

채널은 색상 관리(기본 채널)와 선택 영역 관리(알파 채널)의 두 가지 기능을 합니다. 기본 채널에서는 색상 모드에 따른 이미지의 기본 색상을 관리할 수 있으며, 알파 채널에서는 선택 영역이나 마스크 영역을 만들어서 다양하게 활용할 수 있으며 저장까지 가능합니다. 이러한 알파 채널의 속성을 이용하여 필터와 함께 독특한 이미지 표현을 해보겠습니다.

P·r·e·v·i·e·w

### ■■ 학습내용

실습 01. 알파 채널을 이용한 선택영역 지정하기
실습 02. 색상 채널을 이용한 색감 보정하기

실습 03. 알파 채널을 이용한 입체 문자 만들기
실습 04. 필터를 활용한 입체 효과 표현하기

▲ 완성파일 : 섹션 14〉완성〉실습01.psd

▲ 완성파일 : 섹션 14〉완성〉실습02.psd

▲ 완성파일 : 섹션 14〉완성〉실습03.psd

▲ 완성파일 : 섹션 14〉완성〉실습04.psd

### ✓ 체크포인트

- 알파 채널의 개념을 이해합니다.
- 색상 채널을 이용하여 이미지의 색감을 보정해 봅니다.
- 필터와 알파 채널을 사용하여 입체 효과를 만들어 봅니다.
- 알파 채널에 필터를 적용한 독특한 이미지를 만들어 봅니다.

01 [파일]–[열기] 메뉴를 선택하여 '섹션 14>샘플>실습01.jpg' 이미지를 불러옵니다.

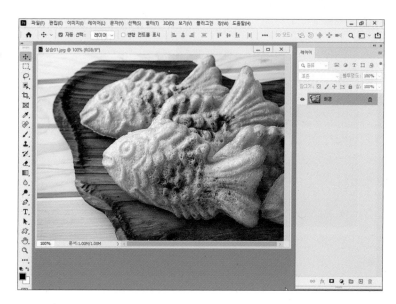

02 도구 패널에서 개체 선택 도구를 선택하고 옵션 패널에서 사각형 모드를 지정한 후 이미지 외곽을 따라 마우스를 드래그하여 선택합니다.

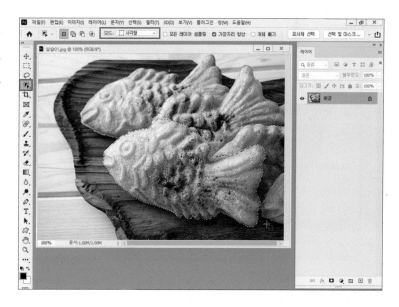

03 [창] 메뉴에서 채널 패널을 불러온 후 [선택]–[선택 영역 저장] 메뉴를 실행합니다.

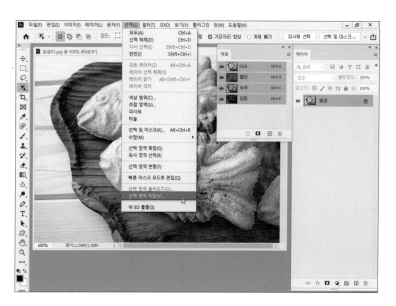

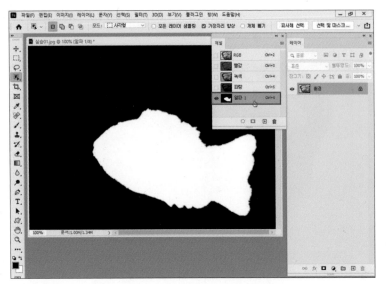

**04** [Ctrl] + [D]를 눌러 선택 영역을 해제합니다. 채널 패널에 알파 채널이 등록된 것을 볼 수 있습니다.

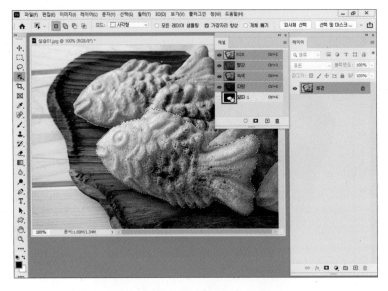

**05** 알파 채널에 등록한 흰색 부분을 다시 선택 영역으로 전환시키기 위해서 패널의 RGB를 선택하여 채널 패널에서 벗어납니다. 그리고 [Ctrl] 키를 누른 채 알파 채널의 채널 축소판을 클릭합니다.

## Power Upgrade

### 채널 패널

① 합성 채널 : RGB 또는 CMYK의 색상이 하나로 합쳐진 모드의 채널입니다.

② 색상 채널 : 각각의 색상 정보를 저장하는 채널이며, 이미지의 색상 모드에 따라 다르게 구성됩니다.

③ 별색 채널 : 이미지에 별색을 적용하여 인쇄하는 경우에 사용하는 채널로 Spot 채널은 QuarkXpress, Indesign 같은 편집 프로그램으로 가져갈 수 있으며, 별색 분판 필름으로 출력 가능합니다. 알파 채널의 색상은 이미지에 영향을 주지 않지만 스팟 채널은 이미지에 직접 색상을 적용하게 됩니다.

④ 알파 채널 : 선택 영역 또는 마스크 영역을 저장하는 채널입니다. 흰색과 검정, 회색으로 이루어진 256단계로만 이미지를 인식합니다.

**01** [파일]-[열기] 메뉴를 선택하여 '섹션 14〉샘플〉실습02.jpg' 이미지를 불러옵니다.

**02** 채널 패널에서 파랑 채널을 클릭하여 이미지 창에 파랑 채널만 보이도록 합니다.

**TIP**

채널 패널의 색상 채널이 흑백으로 보일 경우에는 [편집]-[환경 설정]-[인터페이스] 메뉴를 선택하여 '색상 채널 표시' 항목을 체크하면 컬러로 색상 채널이 보입니다.

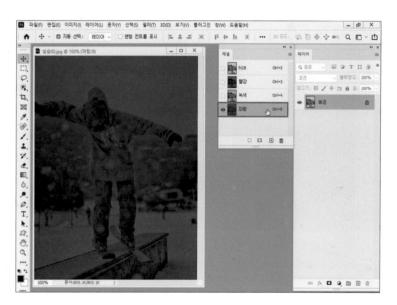

**03** 그리고 Ctrl 키를 누른 채 채널 축소판을 클릭하여 파랑 채널을 선택 영역으로 만듭니다.

**TIP**

파랑 채널에서는 밝은 파랑색일수록 파랑색이 진하게 분포된 영역이기 때문에 해당 채널을 선택하면 파랑색이 진한 부분이 선택 영역으로 만들어집니다.

**04** 그런 다음 채널 패널의 RGB 채널을 클릭하여 이미지 창에 모든 색상 정보가 혼합된 이미지가 나타나도록 합니다.

**05** 키보드의 Delete 를 누르면 칠 대화 상자가 나타나는데 내용을 흰색으로 지정하고 확인 버튼을 클릭합니다.

**06** 이미지에서 파랑색 부분만 조금 제거되어 이미지의 색감이 변경된 것을 볼 수 있습니다.

01 [파일]-[열기] 메뉴를 선택하여 '섹션 14〉샘플〉실습03.jpg' 이미지를 불러옵니다.

02 수평 문자 도구로 문자를 입력하고, 옵션 패널이나 문자 패널에서 글꼴이나 크기를 설정합니다. 그런 다음 **Ctrl** 키를 누른 상태에서 레이어 축소판을 클릭하여 문자를 선택 영역으로 만들어 줍니다.

03 [선택]-[선택 영역 저장] 메뉴를 선택하고 채널 패널을 보면 흰색의 문자 영역이 만들어진 알파 채널이 생성된 것을 볼 수 있습니다.

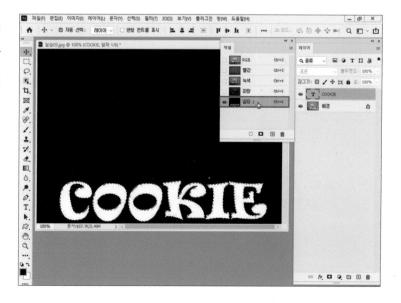

**04** ⌈Ctrl⌉ + ⌈D⌉를 눌러 선택 영역을 해
제하고, 생성된 알파 채널을 만일의
경우를 대비하여 하나 더 복사해 두기 위해
'새 채널을 만듭니다.' 버튼으로 드래그 하여
복사합니다.

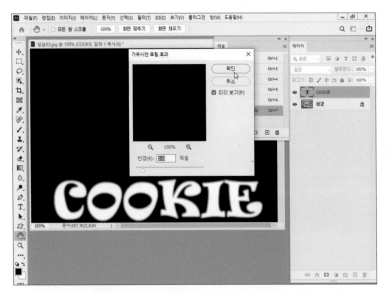

**05** 이제 본격적으로 입체효과를 만들기
위해서 [필터]-[흐림 효과]-[가우시
안 흐림 효과] 메뉴를 선택하여 이미지를 뿌
옇게 처리합니다.

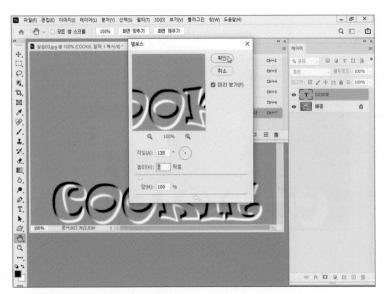

**06** 계속하여 [필터]-[스타일화]-[엠보
스] 메뉴를 선택하여 높이와 양을 조
절하고 확인 버튼을 눌러줍니다.

**Tip**

알파 채널은 흰색을 선택 영역으로 불어올 수 있기 때문에 엠
보스 효과 적용 시 흰색과 검정색의 영역이 뚜렷이 보이도록
옵션을 설정해야 합니다.

**07** 필터가 적용된 채널을 다시 하나 더 복사한 후 [이미지]-[조정]-[반전] 명령을 적용하여 색상을 반전시켜 줍니다.

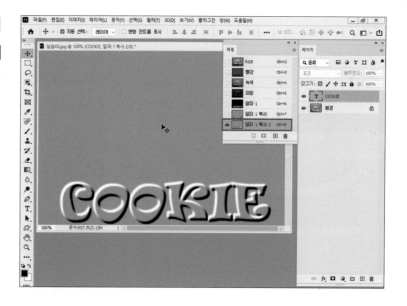

**08** 흰색을 제외한 회색부분을 모두 검정색으로 변경하기 위해서 [이미지]-[조정]-[레벨] 메뉴를 선택한 후 대화상자에서 검은 점 스포이드를 선택하고 회색 부분을 클릭합니다.

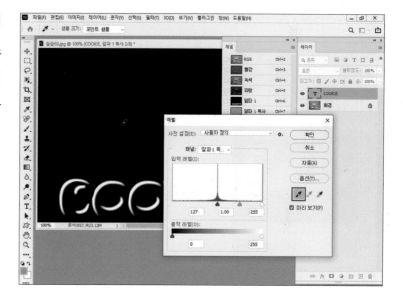

**09** 나머지 채널 또한 위와 동일한 방법으로 회색 부분을 검정색으로 변경시켜 줍니다.

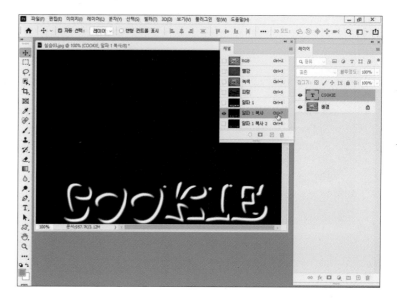

**10** 이제 레이어 패널에서 문자 레이어는 화면에 보이지 않도록 가려놓고, Ctrl 키를 누른 채 '알파 1 복사'의 채널 축소판을 클릭하여 선택합니다.

**11** 그런 다음 [이미지]-[조정]-[레벨] 메뉴를 선택한 후 검정색 삼각형 모양을 드래그 하여 이미지를 어둡게 보정합니다.

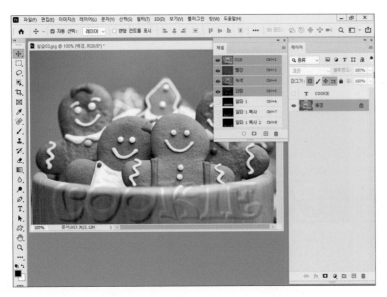

**12** 위와 동일한 방법으로 '알파 1 복사 2' 채널 영역도 선택한 후 이번에는 반대로 밝게 보정하면 입체 효과가 나타납니다.

**01** [파일]-[열기] 메뉴를 선택하여 '섹션 14〉샘플〉실습04-01.jpg, 실습04-02.jpg' 이미지를 불러옵니다.

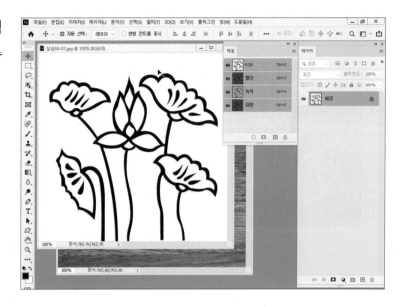

**02** 먼저 자동 선택 도구를 선택하고 옵션 패널에서 '인접'을 체크하지 않은 상태에서 검정색 무늬를 클릭하여 모두 선택합니다.

Tip

인접 옵션은 클릭한 지점에 해당하는 이미지와 동일 색상만을 선택하고, 체크를 해제할 경우에는 이미지 전체에서 클릭한 지점과 동일한 색상을 모두 선택할 수 있습니다.

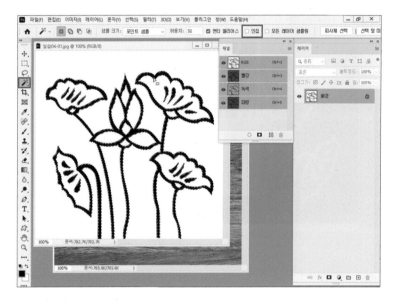

**03** 이동 도구를 선택하고 나무 배경이미지로 이동시킨 후 Ctrl 키를 누른 채 레이어 축소판을 클릭하여 선택 영역을 활성화 시킵니다.

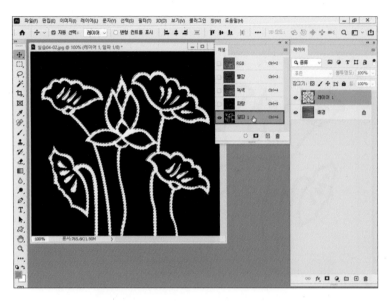

**04** [선택]-[선택 영역 저장] 메뉴를 선택하고 채널 패널을 보면 흰색의 무늬 영역이 만들어진 알파 채널이 생성된 것을 볼 수 있습니다.

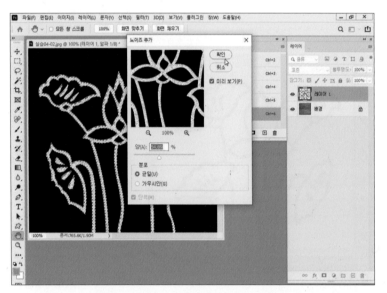

**05** 선택 영역이 활성화 되어 있는 상태에서 알파 채널에 [필터]-[노이즈]-[노이즈 추가] 메뉴를 클릭하여 노이즈를 추가합니다.

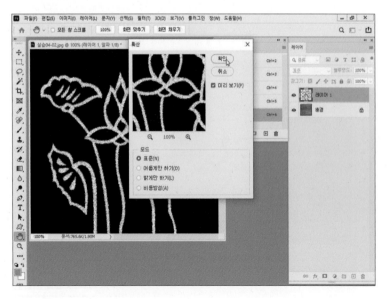

**06** Ctrl + D 를 눌러 선택 영역을 해제하고, [필터]-[스타일화]-[확산] 메뉴를 클릭하여 효과를 적용합니다.

**07** 이제 레이어 패널의 배경 레이어를 선택하고 Ctrl 키를 누른 채 '알파 1'의 채널 축소판을 클릭하여 선택합니다. 이 때 상단의 레이어는 눈 아이콘을 클릭하여 화면에 보이지 않도록 합니다.

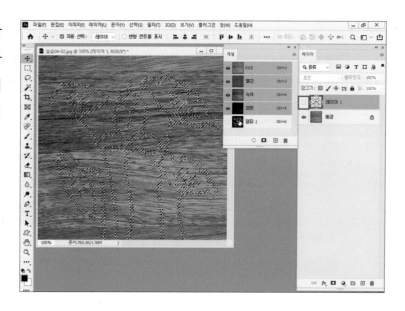

**08** 투명 레이어를 추가하고 전경색을 지정한 후 Alt + Delete 를 눌러 색상을 채워 넣습니다.

**09** 좀 더 자연스럽게 표현하기 위해서 레이어 스타일에서 '내부 그림자'를 적용합니다.

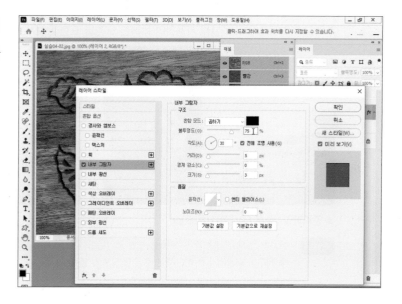

**1**

준비파일을 불러온 후 혼합 모드를 사용하여 이미지를 꾸며 보세요.

 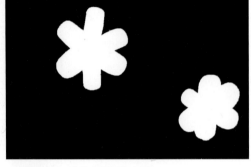

▲ 준비파일 : 섹션 14〉완성〉기초01.psd　　　　　▲ 완성파일 : 섹션 14〉완성〉기초01.psd

힌트 • 자석 올가미 도구를 사용한 이미지 선택과 알파 채널 등록

**2**

알파 채널의 특징을 이용하여 이미지를 합성해 보세요.

▲ 준비파일 : 섹션 14〉샘플〉기초02-01.jpg, 기초02-02.jpg　　　　　▲ 완성파일 : 섹션 14〉완성〉기초02.psd

힌트 • [선택]-[색상 범위] 기능을 사용한 이미지 선택과 복사한 레이어 기능 활용, 알파 채널 등록과 선택 영역 활용

**3**

주어진 이미지에 알파 채널을 사용하여 독특한 느낌을 표현해 보세요.

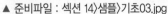

▲ 준비파일 : 섹션 14〉샘플〉기초03.jpg　　　　　▲ 완성파일 : 섹션 14〉완성〉기초03.psd

힌트 • 방사형 그레이디언트로 알파 채널 등록 후 [필터]-[픽셀화]-[색상 하프톤], [흐림 효과]-[가우시안 흐림 효과] 적용, 색상 반전 후 레이어 패널에서 선택과 채색 후 혼합 모드와 불투명도 적용

① 준비파일을 불러온 후 색상 채널을 사용하여 이미지 색감을 조절해 보세요.

▲ 준비파일 : 섹션 14〉샘플〉심화01.jpg

▲ 완성파일 : 섹션 11〉완성〉심화01.psd

힌트 ・ 빨강 색상 채널을 선택 영역으로 활성화 후 색상 지우기

② 준비파일을 완성파일처럼 흑백 변환과 색상을 보정시켜 보세요.

▲ 준비파일 : 섹션 14〉샘플〉심화02.jpg

▲ 완성파일 : 섹션 14〉완성〉심화02.psd

힌트 ・ 알파 채널에 [필터]-[노이즈]-[노이즈 추가], [흐림 효과]-[가우시안 흐림 효과], [스타일화]-[엠보스] 연속적으로 적용 후 전체 복사하여 레이어 패널로 붙여 넣고 색상 보정, 장미 이미지 이동시켜 혼합 모드 적용

③ 준비파일을 불러온 후 필터와 알파 채널을 사용하여 수채화 느낌을 표현해 보세요.

▲ 준비파일 : 섹션 14〉샘플〉심화03.jpg

▲ 완성파일 : 섹션 14〉완성〉심화03.psd

힌트 ・ 알파 채널에 [필터]-[노이즈]-[노이즈 추가], [흐림 효과]-[가우시안 흐림 효과], [스타일화]-[엠보스] 적용, 레이어 패널로 입체 효과를 복사하여 혼합 모드 적용, 사각형 도구를 사용한 프레임 표현

# 15 포토샵의 다양한 합성 테크닉

이번 시간에는 작업 소스를 활용하여 디자인 결과물을 만들어 보겠습니다. 앞서 포토샵에서 이미지를 열고, 합성 이미지를 만드는 방법과 포토샵을 운용하는데 있어서 기본적인 도구의 사용 방법과 메뉴, 패널들의 다양한 기능들을 숙지하였습니다. 여기서는 앞에서 학습하였던 여러 가지 기능들을 모두 사용하여 좀 더 사실적인 디자인 결과물을 만들어 봅니다.

**Preview**

## 학습내용

실습 01. 복사와 변형 기능을 이용한 이미지 합성하기
실습 02. 레이어 스타일을 활용한 이미지 편집하기
실습 03. 필터와 마스크 기능을 활용한 이미지 합성하기

실습 04. 마스크 기능을 활용한 입체적 이미지 만들기
실습 05. 문자와 패턴을 활용한 이미지 만들기

▲ 완성파일 : 섹션 15)완성)실습01.psd

▲ 완성 파일 : 섹션 15)완성)실습02.psd

▲ 완성 파일 : 섹션 15)완성)실습03.psd

▲ 완성 파일 : 섹션 15)완성)실습04.psd

▲ 완성 파일 : 섹션 15)완성)실습05.psd

## ✔ 체크포인트

– 변형 기능과 클리핑 마스크를 사용하여 재미난 이미지를 만들어 봅니다.
– 레이어 스타일을 활용하여 고급스런 문자 디자인을 표현해 봅니다.
– 클리핑 마스크와 필터를 활용하여 자연스럽게 이미지를 합성해 봅니다.
– 레이어 마스크와 클리핑 마스크를 사용하여 이미지를 합성해 봅니다.
– 문자 응용과 패턴을 활용하여 이미지를 만들어 봅니다.

01 [파일]-[새로 만들기] 메뉴를 클릭하여 새로운 이미지 창을 만듭니다. 그런 다음 [파일]-[열기] 메뉴를 선택하여 '섹션 15〉샘플〉실습01-01.jpg, 실습01-02.jpg' 이미지를 불러옵니다.

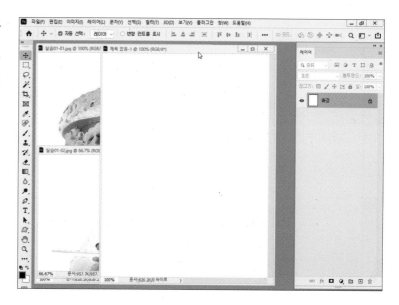

02 도구 패널에서 그레이디언트 도구를 선택하고 옵션 패널의 드롭다운 메뉴를 클릭하여 그레이디언트 대화상자를 불러온 후 노란색과 주황색의 두 가지 색상을 만듭니다.

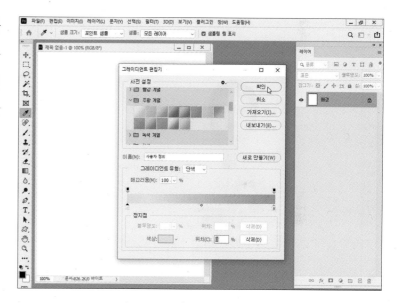

03 그런 다음 방사형 그레이디언트를 선택한 후 마우스를 드래그 하여 색상을 채워 넣습니다.

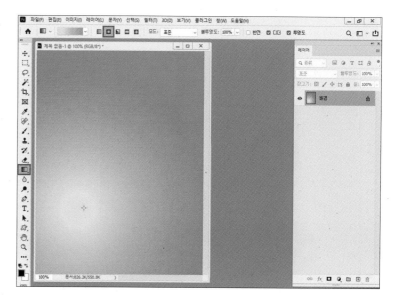

04 사람 이미지를 선택하고 펜 도구를 사용하여 이미지 외곽을 따라 패스 작업을 합니다.

05 그런 다음 Ctrl 키를 누른 채 패스 패널의 축소판 부분을 클릭하여 선택 영역으로 활성화시킵니다.

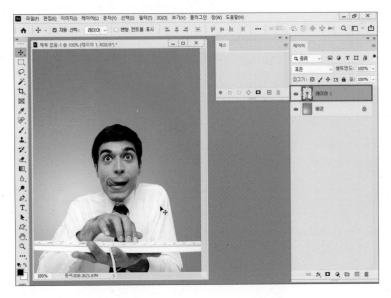

06 이동 도구를 사용하여 작업 중인 이 미지 창으로 드래그 하여 이동시킵 니다.

**07** Ctrl 키를 누른 채 레이어 축소판 부분을 클릭하여 선택 영역으로 활성화 시킨 뒤 올가미 도구로 얼굴을 제외한 나머지 영역을 Alt 키를 누른 채 드래그하여 제외시켜줍니다.

**08** [레이어]-[새로 만들기]-[오린 레이어] 메뉴를 클릭하여 이미지를 잘라내면 레이어 패널에 이미지가 분리되어 나타납니다.

**TIP**

복사한 레이어 기능은 선택된 이미지 영역을 복사하여 새로운 레이어로 만들어 주고, 오린 레이어 기능은 선택된 이미지 영역을 잘라내어 새로운 레이어로 만듭니다.

**09** 하단의 상체 이미지 레이어를 선택하고 [편집]-[자유 변형] 메뉴를 클릭하여 크기를 축소합니다.

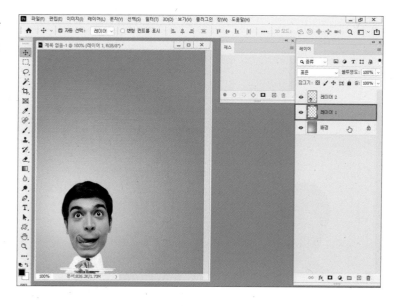

**10** 그림자를 만들기 위해서 Ctrl 키를 누른 상태에서 레이어 패널의 머리 부분 축소판을 클릭하여 선택합니다.

**11** 계속하여 Ctrl + Shift 키를 누른 채 상체 레이어의 축소판 부분을 클릭하여 선택 영역을 추가합니다.

**12** 레이어 패널에서 사람 이미지 레이어 아래쪽에 투명 레이어를 추가하고 전경색을 회색으로 지정한 후 Alt + Delete 를 눌러 색상을 채워 넣습니다.

**13** Ctrl + D 를 눌러 선택 영역을 해제하고, 좀 더 자연스럽게 그림자를 표현하기 위해서 [필터]-[흐림 효과]-[가우시안 흐림 효과] 메뉴를 클릭하여 퍼짐 효과를 적용하고 불투명도를 조절합니다.

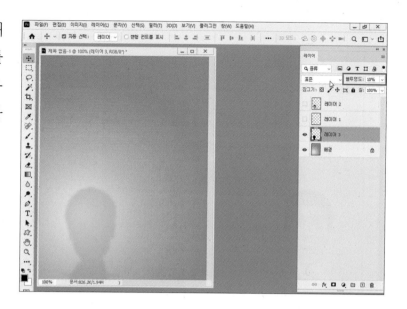

**14** [편집]-[변형]-[왜곡] 메뉴를 클릭하여 그림자 모양을 변형시켜줍니다.

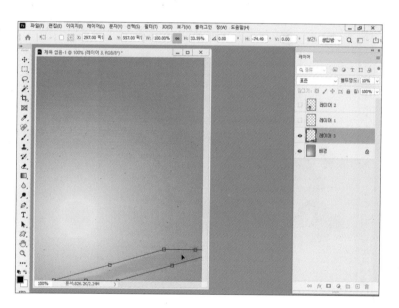

**15** 이번에는 사용자 정의 모양 도구를 선택하고 옵션 패널에서 '모양' 항목을 체크한 후 다양한 모양에서 말풍선 모양을 선택합니다.

**Tip**
다양한 모양이 보이지 않을 경우에는 팝업 메뉴를 클릭하여 '모두' 메뉴를 클릭하여 불러오면 됩니다.

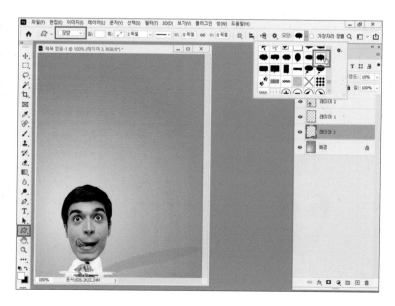

**16** Shift 키를 누른 상태에서 배경에 드래그 하여 모양을 그려주면, 레이어 패널에 레이어가 생성된 것을 볼 수 있습니다.

**17** 이번에는 햄버거 이미지를 가져와 보겠습니다. 개체 선택 도구를 선택하고 옵션 패널에서 '피사체 선택' 버튼을 클릭하여 햄버거 이미지를 선택합니다.

**Tip**

작업도중 잘못 지정된 부분은 Delete 키를 눌러 포인터를 삭제하고 다시 선택하면 됩니다.

**18** 이동 도구를 사용하여 앞서 그려놓은 말풍선 모양 위쪽에 이미지를 이동시켜 줍니다.

19 그런 다음 [레이어]-[클리핑 마스크 만들기] 메뉴를 클릭하여 말풍선 모양 안에만 햄버거가 보이도록 합니다.

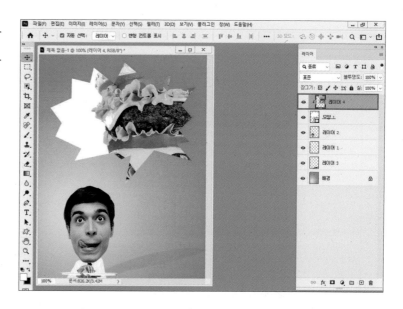

20 계속하여 [편집]-[자유 변형] 메뉴를 클릭하여 크기를 축소하고 이미지 위치를 잡아줍니다.

21 마지막으로 말풍선 모양 레이어를 선택하고 레이어 스타일에서 '획'을 선택하여 옵션을 조절한 후 확인 버튼을 클릭하여 작업을 완성합니다.

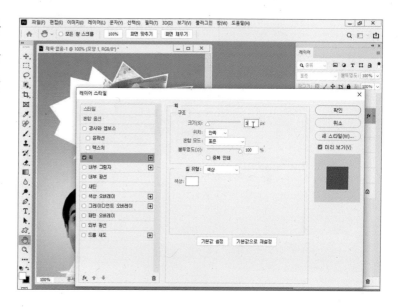

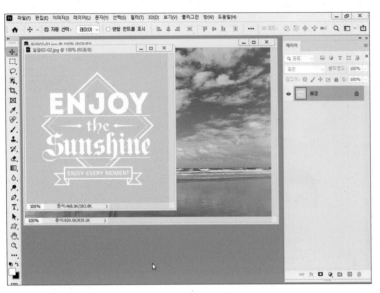

01 [파일]-[열기] 메뉴를 선택하여 '섹션 15>샘플>실습02-01.jpg, 실습02-02.jpg 이미지를 불러옵니다.

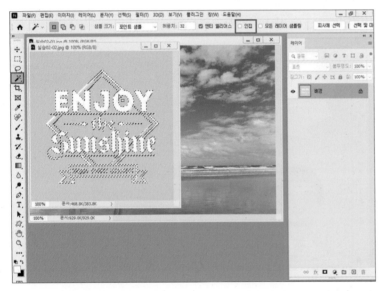

02 로고 이미지에서 자동 선택 도구를 선택합니다. 옵션 패널의 인접 항목을 체크하지 않은 상태에서 흰색 로고 부분을 클릭하여 선택합니다.

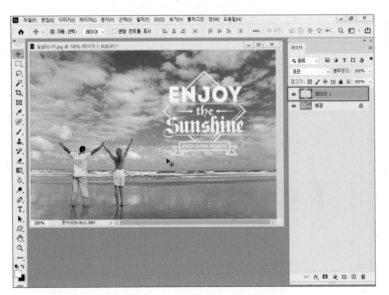

03 이동 도구를 사용하여 배경 이미지로 이동시켜 [편집]-[자유 변형] 메뉴를 클릭하여 크기를 축소합니다.

**04** 레이어 패널 하단의 '레이어 스타일을 추가합니다.' 버튼을 클릭하여 획을 선택합니다. 선의 두께를 지정하고 칠 유형에서 그레이디언트를 선택하여 적용하고자 하는 그레이디언트 색상을 만들어 줍니다.

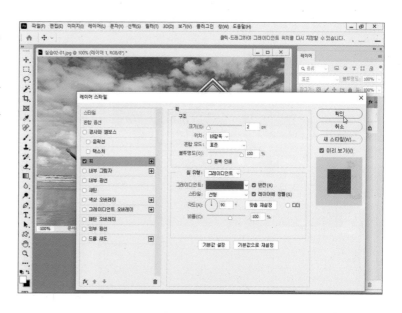

**05** 레이어 스타일이 적용된 레이어의 효과 또는 fx 아이콘 위에 마우스 오른쪽 키를 눌러 '레이어 만들기'를 선택합니다.

**TIP**

레이어 만들기는 레이어 스타일 효과를 일반 레이어로 변환시키는 기능입니다.

**06** 분리된 그레이디언트 색상 레이어를 선택하고 [필터]-[흐림 효과]-[가우시안 흐림 효과] 메뉴를 클릭하여 퍼짐 효과를 적용합니다.

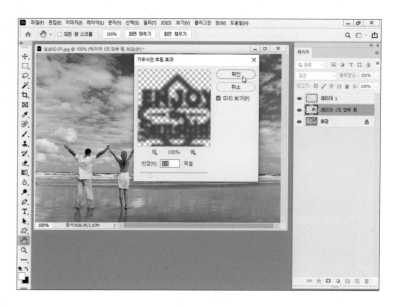

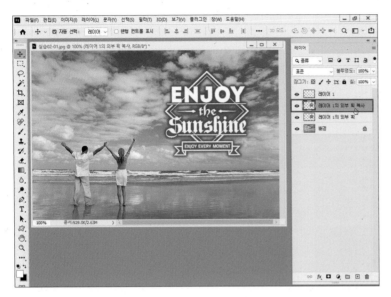

**07** 좀 더 자연스럽게 표현하기 위해서 앞서 작업한 레이어를 선택하고 '새 레이어를 만듭니다.' 버튼으로 드래그 하여 하나를 더 복사한 후 [필터]-[흐림 효과]-[가우시안 흐림 효과]를 한 번 더 적용합니다.

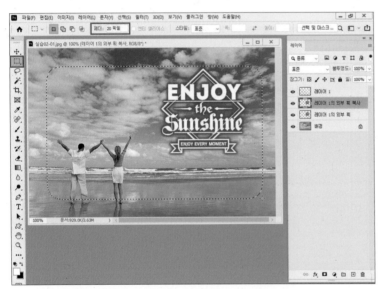

**08** 도구 패널에서 사각형 선택 윤곽 도구를 선택하고 옵션 패널에서 페더 값을 설정합니다. 그런 다음 이미지 외곽에 드래그 하여 선택 영역을 잡아줍니다.

**09** [선택]-[반전] 메뉴를 클릭하여 외곽이 선택되도록 선택 영역을 반전시켜주고, 그레이디언트 도구를 선택합니다.

**10** 원하는 그레이디언트 색상을 제작한 후 투명 레이어를 추가하고, 선택 영역에 드래그 하여 채워줍니다.

**11** 마지막으로 레이어 패널 상단의 혼합 모드에서 '오버레이'를 적용하여 완성합니다.

01 [파일]-[열기] 메뉴를 선택하여 '섹션 15〉샘플〉실습03-01.jpg, 실습03-02.jpg' 이미지를 불러옵니다.

02 먼저 안경 안쪽에 이미지를 표현하기 위해서 도구 패널에서 펜 도구를 선택합니다. 옵션 패널에서 '패스' 항목을 선택하고 패스 작업을 합니다.

03 반대쪽 안경 부분 또한 위와 동일한 방법으로 패스 작업을 하고 패스 패널에 따로 저장해 놓습니다.

**04** 레이어 패널에서 '새 레이어를 만듭
니다.' 아이콘을 클릭하여 투명 레이
어를 추가합니다. 그리고 Ctrl 키를 누른
상태에서 왼쪽 안경 패스 축소판을 클릭하여
선택 영역을 활성화시킵니다.

**05** 그런 다음 Alt + Delete 를 눌러 원
하는 색상을 채워 넣습니다.

**06** 다시 새로운 투명 레이어를 하나 더
추가한 후 위와 동일한 방법으로 오
른쪽 안경 부분 또한 색상을 채워 넣습니다.

**07** 이제 이미지를 표현해 보겠습니다. 이동 도구로 바다 이미지를 작업 중인 이미지 창으로 드래그 하여 이동시킨 후 [편집]-[자유 변형] 메뉴를 클릭하여 크기를 조절합니다.

**08** 바다 레이어를 하나 더 복사하여 각각 안경의 렌즈 부분에 위치시킵니다. 또한 레이어 패널에서 앞서 만들어 놓은 양쪽의 레이어 위에 위치시킵니다.

**09** 작업하지 않는 레이어는 눈 아이콘을 클릭하여 잠시 보이지 않도록 가려놓고, 바다 레이어를 하나 선택합니다.

10 그런 다음 렌즈 부분 안쪽에만 이미 지가 보이도록 [레이어]-[클리핑 마 스크 만들기] 메뉴를 클릭합니다.

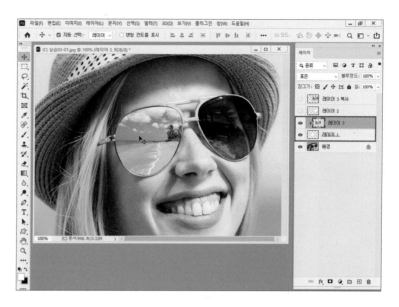

11 좀 더 사실적으로 표현하기 위해서 Ctrl 키를 누른 채 패스 패널에서 해당 축소판을 클릭하여 선택 영역을 활성화 시킵니다.

12 그런 다음 [필터]-[왜곡]-[구형화] 효과를 적용하여 이미지가 볼록하게 보이도록 표현합니다.

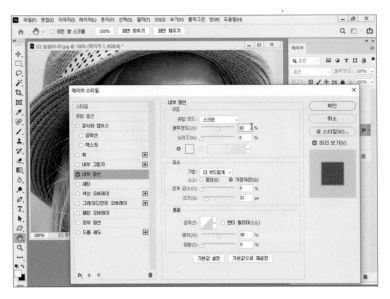

**13** Ctrl + D 를 눌러 선택 영역을 해제하고 전경색이 채워진 레이어를 선택하여 내부 광선을 적용합니다.

**14** 이번에는 렌즈 위쪽에 밝은 부분을 표현하기 위해서 펜 도구를 사용하여 패스 작업을 하고, 레이어를 추가하여 흰색을 채워 넣습니다.

**15** [필터]-[흐림 효과]-[가우시안 흐림 효과] 메뉴를 클릭하여 퍼짐효과를 적용하고, 불투명도를 조절하여 좀 더 자연스럽게 표현합니다.

**16** 반대쪽 렌즈 부분 또한 위와 동일한 방법으로 다양한 기능을 활용하여 입체적으로 표현합니다.

**17** 마지막으로 배경 레이어를 선택하고 [필터]-[렌더]-[렌즈 플레어]를 실행하여 빛 효과를 추가하여 작업을 완성합니다.

**01** [파일]-[열기] 메뉴를 선택하여 '섹션 15〉샘플〉실습04-01.jpg, 실습04-02.jpg, 실습04-03.jpg 이미지를 불러옵니다.

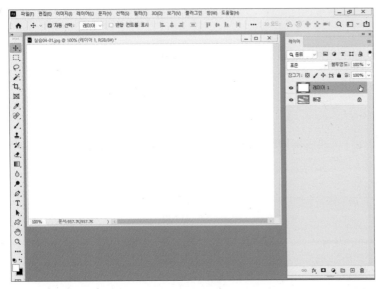

**02** 하늘 이미지를 선택하고 레이어 패널에서 투명 레이어를 추가한 후 전경색을 흰색으로 채워 넣습니다.

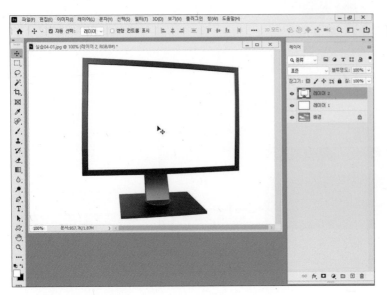

**03** 이동 도구를 사용하여 모니터 이미지를 선택하고 작업 중인 창으로 드래그 하여 이동시킵니다.

**04** 계속하여 다각형 올가미 도구를 사용하여 모니터 안쪽 영역을 선택한 후 [레이어]-[새로 만들기]-[복사한 레이어] 메뉴를 선택하여 이미지를 복사합니다.

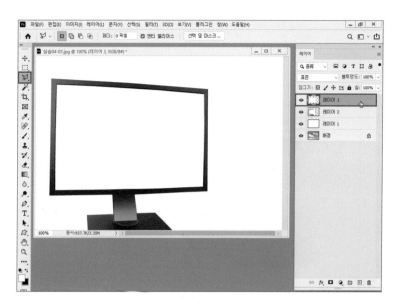

**05** 배경 레이어를 선택하고 '새 레이어를 만듭니다.' 버튼으로 드래그 하여 하나를 더 복사한 후 레이어 가장 위쪽으로 이동시킵니다.

**06** 그런 다음 [레이어]-[클리핑 마스크 만들기] 메뉴를 클릭하여 모니터 영역 안쪽에만 하늘 이미지가 보이도록 합니다.

**07** 이번에는 사람 이미지를 선택하고 펜 도구와 패스 패널을 이용하여 이 미지를 선택합니다.

**08** 작업 중인 이미지 창으로 이동시켜 크기를 축소시켜주고, 레이어 마스크 를 적용합니다.

**09** 그리고 브러시 도구를 사용하여 이 미지 하단 부분을 자연스럽게 사라 지도록 터치합니다.

**10** 배경 레이어를 여러 개 복사하여 레이어 마스크를 적용한 후 구름 이미지만 보이도록 다양한 크기로 나열해 줍니다.

**11** 마지막으로 사용자 정의 모양 도구를 선택하고 옵션 패널에서 '모양' 항목을 체크한 후 음표 모양을 그려줍니다.

**12** 다양한 모양의 음표 모양을 그려주고, 조금씩 회전시키거나 크기를 조절하여 이미지 합성을 완성합니다.

**01** [파일]-[열기] 메뉴를 선택하여 '섹션 15〉샘플〉실습05.jpg 이미지를 불러옵니다.

**02** 먼저 수평 문자 도구를 선택하고 문자를 입력한 후 문자 패널에서 글꼴과 크기, 색상을 지정합니다.

**03** '새 레이어를 만듭니다.' 버튼으로 문자 레이어를 드래그 하여 하나를 더 복사한 후 마우스 오른쪽 키를 눌러 '문자 래스터화'를 실행합니다.

**Tip**

문자 래스터화는 문자를 일반 레이어화 시키는 기능입니다.

**04** 그런 다음 'Re' 이미지 부분을 올가미 도구로 드래그 하여 영역을 잡은 후 [레이어]-[새로 만들기]-[오린 레이어] 메뉴를 클릭하여 레이어를 따로 분리합니다.

**05** 마찬가지 방법으로 'l' 이미지 또한 위와 동일한 방법으로 레이어를 따로 분리해 놓습니다.

**06** 이제 개체 선택 도구를 선택하고 옵션 패널에서 '피사체 선택' 버튼을 클릭하여 사람 이미지를 선택합니다.

07 올가미 도구를 사용하여 Alt 키와 Shift 키를 동시에 이용하여 선택 영역을 좀 더 자세히 잡아줍니다.

08 그리고 [레이어]-[새로 만들기]-[복사한 레이어] 메뉴를 클릭하여 레이어를 따로 분리합니다.

09 분리된 사람 이미지 레이어를 문자 이미지 사이로 이동시키고 'T' 부분의 일부분을 삭제하여 자연스럽게 꼬이게 표현합니다.

**10** 이번에는 패턴을 등록해 보겠습니다. 먼저 돋보기 도구로 화면을 최대한 확대한 후 레이어 패널에서 투명 레이어를 추가합니다.

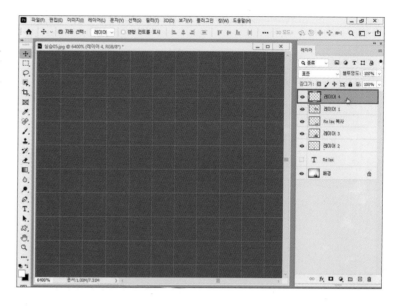

**11** 사각형 선택 윤곽 도구를 선택하고 마우스를 드래그 하여 매우 얇게 십자 모양의 선택 영역을 만듭니다.

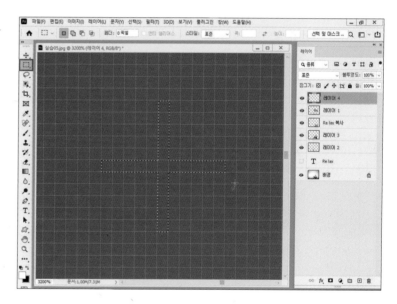

**12** 그런 다음 전경색을 지정한 후 Alt + Delete 를 눌러 색상을 채워 넣습니다.

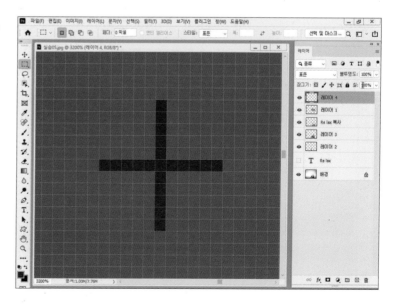

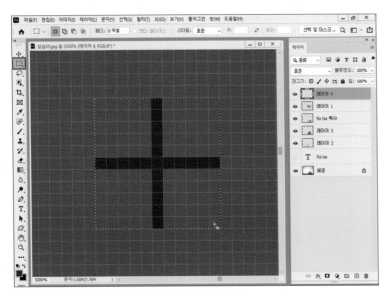

**13** 다시 사각형 선택 윤곽 도구로 패턴으로 등록하고자 하는 부분을 정사각형 형태로 드래그 하여 선택합니다.

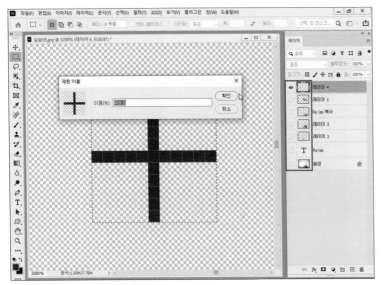

**14** 이때 현재 선택된 레이어를 제외한 모든 레이어의 눈 아이콘을 클릭하여 화면에 보이지 않도록 하고, [편집]-[패턴 정의] 메뉴를 선택하여 투명 패턴으로 등록합니다.

**15** 이제 레이어 패널에서 문자 레이어의 축소판을 클릭하여 선택 영역을 만들고, 투명 레이어를 추가합니다.

**16** 그리고 [편집]–[칠] 메뉴를 선택하여 나타난 대화상자에서 패턴 항목을 지정하고 앞서 등록했던 패턴 무늬를 선택하고 확인 버튼을 클릭합니다.

**17** 무늬를 좀 더 자연스럽게 합성하기 위해서 레이어 패널에서 혼합 모드를 적용하고 불투명도를 조절합니다.

**1**

준비파일을 불러온 후 변형 기능과 마스크를 사용하여 합성해 보세요.

▲ 준비파일 : 섹션 15〉샘플〉기초01-01.jpg, 기초01-02.jpg          ▲ 완성파일 : 섹션 15〉완성〉기초01.psd

힌트 • [파일]-[새로 만들기]로 새로운 이미지 창 생성, 펜 도구와 자동 선택 도구를 사용한 이미지 선택, 변형 기능 활용, 레이어 마스크를
이용한 그림자 표현과 이미지 합성

**2**

준비파일을 불러온 후 레이어 스타일과 변형 기능을 사용하여 자연스럽게 합성해 보세요.

▲ 준비파일 : 섹션 15〉샘플〉기초02-01.jpg, 기초02-02.jpg          ▲ 완성파일 : 섹션 15〉완성〉기초02.psd

힌트 • 변형기능과 레이어 스타일 적용 후 레이어 만들기 기능사용

**3**

주어진 이미지를 사용하여 광고 이미지를 만들어 보세요.

▲ 준비파일 : 섹션 15〉샘플〉기초03.jpg          ▲ 완성파일 : 섹션 15〉완성〉기초03.psd

힌트 • 단일 열 선택 윤곽 도구와 변형 기능을 이용한 이미지 변형, 레이어 마스크를 사용한 자연스런 합성

심화문제

1) 준비파일들을 불러온 후 여러 가지 기능들을 사용하여 자연스럽게 합성해 보세요.

▲ 준비파일 : 섹션 15〉샘플〉심화01-01.jpg, 심화01-02.jpg ▲ 완성파일 : 섹션 15〉완성〉심화01.psd

힌트 • 펜 도구와 패스 패널 활용, 레이어 마스크를 적용한 이미지 합성

2) 주어진 이미지들을 사용하여 멋진 이미지를 만들어 보세요.

▲ 준비파일 : 섹션 15〉샘플〉심화02-01.jpg, 심화02-02.jpg, 심화02-03.jpg, 심화02-04.jpg ▲ 완성파일 :
　섹션 15〉완성〉심화02.psd

힌트 • 펜 도구와 패스 패널 활용, 뒤틀기 변형기능 사용, 레이어 스타일(경사와 엠보스, 획, 그림자 효과) 적용, 흑백 기능을 사용한 흑백 처리

3) 준비파일을 불러온 후 다양한 기능으로 합성하여 광고 이미지를 제작해 보세요.

▲ 준비파일 : 섹션 15〉샘플〉심화03-01.jpg, 심화03-02.jpg, 심화03-03.jpg

힌트 • 펜 도구와 자석 올가미 도구를 사용한 이미지 선택, 사용자 정의 모양 도구
　를 사용한 모양 만들기, 클리핑 마스크를 이용한 이미지 합성, 그레이디언트
　색상 활용

▲ 완성파일 : 섹션 15〉완성〉심화03.psd

# I·T·워·크·북·시·리·즈

# PHOTOSHOP CC

**원리 쏙쏙 IT 실전 워크북 35**
**포토샵(Photoshop) CC 기초부터 실무 활용까지**

2024년 1월 10일 개정 4판 인쇄
2024년 1월 20일 개정 4판 발행

**펴낸이** ┃ 김정철
**펴낸곳** ┃ 아티오
**지은이** ┃ 유윤자
**마케팅** ┃ 강원경
**편　집** ┃ 김지영
**전　화** ┃ 031-983-4092~3
**팩　스** ┃ 031-696-5780
**등　록** ┃ 2013년 2월 22일
**정　가** ┃ 17,000원
**주　소** ┃ 경기도 고양시 일산동구 호수로 336 (브라운스톤, 백석동)
**홈페이지** ┃ www.atio.co.kr
**내용 문의** ┃ 저자 이메일 : 4-leaf-clover@hanmail.net

◑ **실습 파일 받아보기**

– 예제 소스는 아티오(www.atio.co.kr) 홈페이지의 [자료실]에서 다운받으시면 됩니다.